JN347133

나의 인생, 그리고 삶의 기술

My Life, And The Art of Living

이성복 지음

나의 인생, 그리고 삶의 기술
My Life, And The Art of Living

초판 1쇄 발행 2022년 9월 30일

지은이 이성복
펴낸이 장현수
펴낸곳 메이킹북스
출판등록 제 2019-000010호

디자인 박단비
편집 박단비
교정 안지은
마케팅 장윤정

주소 서울특별시 구로구 경인로 661, 핀포인트타워 912-914호
전화 02-2135-5086
팩스 02-2135-5087
이메일 making_books@naver.com
홈페이지 www.makingbooks.co.kr

ISBN 979-11-6791-241-1(03810)
값 13,800원

ⓒ 이성복 2022 Printed in Korea

잘못된 책은 구입하신 곳에서 바꾸어 드립니다.
이 책의 전부 또는 일부 내용을 재사용하려면 사전에 저작권자와 펴낸곳의 동의를 받아야 합니다.

이 책은 저작권법 제53조 제1항, 동법시행령 제26조 제1항에 따라서 한국저작권위원회에 저작권등록(제C-2021-052523호, 2021.12.02.)을 하였습니다. 그러므로 이 책의 내용과 저작권은 동 규정에 의하여 저자에게 있으며, 한국 내에서 보호를 받는 저작물입니다. 무단전제와 무단복사를 금합니다.

메이킹북스는 저자님의 소중한 투고 원고를 기다립니다.
출간에 대한 관심이 있으신 분은 making_books@naver.com으로 보내 주세요.

나의 인생, 그리고 삶의 기술
My Life, And The Art of Living

이성복 지음

메이킹북스

차례

들어가면서 10

1. 삶을 되돌아보다

소년, 길을 잃고 방황하다. 낙타에서 사자의 길로 18
세 가지를 얻다, 그러나 그것은 고생 끝, 행복 시작이 아니었음을 21
새로운 길을 찾아 나서다 23
알 수 없는 피로감과 불안함, 삶의 속도를 조절할 수밖에 28
외국에서의 생활, 이 또한 운명인가? 30
인생길에서 얻은 것과 잃어버린 것 33
만남과 이별, 시절인연에서 답을 구하다 36
은퇴, 잃어버린 나를 찾아 떠날 때다 39
노년에 접어들다. 이제부터가 진짜 인생이다 43
내가 바라보는 세상의 모습 46

2. 삶의 길목에서 나에게 묻다

첫 번째 질문, 삶의 의미는 무엇인가? 54
두 번째 질문, 인생에서 가장 중요한 것은 무엇인가? 58
세 번째 질문, 인생에는 정답이 없다? 61
네 번째 질문, 세상은 왜 정의롭지 못한가? 64
마지막 질문, 죽음이란 무엇인가? 67

3. 삶의 기술

1) 행복한 삶을 위하여

행복은 선택이다	74
걱정하지 않고 사는 법	79
'날마다 좋은 날'로 사는 법	83
만족할 줄 알고, 분수를 알고, 멈출 줄 알면 행복하다	86
지나침이 없는 삶-조금 부족한 것이 더 낫다	89
행복해지고 싶으면 감사하라	94
쉼의 기술	96
유머와 웃음	100
자녀교육	103
가족으로 살아가는 법	108

2) 지혜로운 삶을 위하여

긍정의 힘	113
시련은 위기를 가장한 기회	116
내 삶의 주인이 되는 법	121
생각을 바꾸면 세상이 달라진다	125
메멘토 모리! 어떻게 살 것인가?	128
인생유전, 새옹지마의 이치	131
관계의 기술	135
소통의 핵심은 경청이다	138
말을 아끼고 조심하라	142
화와 분노를 다스리는 법	146

3) 풍요로운 삶을 위하여

여백이 있는 삶   149
마음 돌보기   152
즐기는 법을 배워라   155
독서는 취미가 아닌 삶의 도구   159
여행은 자신을 새롭게 만나는 시간   162
철학과 종교에 대한 이해   167

4) 노년의 기술

노인이 된다는 것	172
노인으로 살아가는 길	175
노년의 건강	179
삶의 마무리와 죽음	183

나오면서   189

들어가면서

　어느 날 문득, 오랜 세월을 살아오면서 내가 했던 말과 행동, 마음속 깊은 곳을 오간 수많은 생각들, 특별한 경험과 소회, 배우고 깨달은 것 등 사진으로는 담을 수 없는 그 모든 것들이 언젠가는 육신의 소멸과 함께 흔적도 없이 고스란히 사라져버린다는 생각이 들자 참으로 슬프고 허망함을 느끼지 않을 수 없었다. 호랑이는 죽어서 가죽을 남긴다지만 우리 인간은 무엇을 남기고 가는 것일까? 꼭 남겨야 한다는 강박까지는 아니지만 그래도 더 늦기 전에 기억 속에 남아 있는 것들을 잘 정리하여 기록해 놓고 싶은 욕심이 생겼다. 생명은 유한하지만 영혼은 글 속에 남아 계속 살아 숨 쉬며 영원히 존재하게 될 것이라고 믿고 싶다. 그리하여 인생의 유한함에서 오는 허무와 애상에 대한 위안을 삼고자 한다. 그러나 이러한 의도가 또 하나의 부질없고 어리석은 헛된 욕심이자 집착이 아닐까 하는 걱정이 마음 한 켠에서 올라오는 것도 숨길 수 없다.

나의 인생, 그리고 삶의 기술
My Life, And The Art of Living

무엇을 쓸 것인가에 대한 고민은 별로 하지 않았다. 그저 평생 마음 속에 담아두었던 하고 싶은 얘기들을 편안한 사람 앞에서 가슴을 툭 터 놓고 얘기를 건네듯이 써내려가고 싶었다. 내가 생각한 이 책의 콘셉트 (concept)는 '할아버지가 들려주는 인생 이야기' 같은 것이다. 이 책의 내용은 세 부분으로 나뉘어 있는데 처음에는 아무래도 내가 살아온 이야 기를 조금은 해야겠다. 사실 특별하지도 감동적이지도 않은 범부(凡夫) 의 인생 이야기를 다른 사람들에게 한다는 것이 무척이나 쑥스럽고 망설 여지는 일이다. 하지만 당초 이 책을 쓴 목적이 할아버지의 사랑을 담아 후손들에게 꼭 전하고픈 내용들을 기록으로 남기는 데 있으므로 큰 부담 없이 용기를 내어 펜을 들었다. 비록 평범할지라도 세상의 모든 삶은 소 중한 것이고 나름의 가치와 의미를 지니며, 훗날 이 세상을 살아갈 후손 들을 위하여 좋은 이야깃거리가 될 수 있다고 생각했다.

다음으로는 인생에서 중요하다고 생각하는 다섯 가지 묵직한 주제들 에 대하여 스스로 묻고 답을 해보았다. 현문(賢問)에 우답(愚答)일 수도 있으나 먼 훗날 혹시 같은 고민을 하는 후손이 있거든 앞서 살다간 한 사람의 생각을 전하고 싶다는 단순한 소망에서 비롯된 것이다. 마지막 부분은 스스로 욕심을 내어 가장 쓰고 싶었던 삶의 기술에 관한 내용이 다. 사람들은 대부분 사는 방법을 배우기도 전에 이미 세상에 나와 우 왕좌왕 몸으로 부딪치며 경험을 통해 인생을 배운다. 우리네 인생에서

'무엇을 위하여'와 '어떻게 살 것인가'는 핵심 주제이다. 바로 이것을 다루는 것이 삶의 기술이다. 그러나 불행하게도 우리는 제대로 사는 법을 모르는 채 어린 시절부터 치열한 경쟁 속에서 입시지옥에 시달리고 좋은 직장에 들어가는 것이 최우선시 되는 삶의 방식에서 살아남는 법부터 배우도록 강요받는다. 그리하여 주변의 기대에 부응하는 삶이 곧 행복한 삶일 것이라는 착각 속에서 살다가 결국에는 많은 사람들이 스스로를 불행하다고 여기며 지나간 인생을 후회하게 되는 전철을 밟는다.

살면서 이 길이 내가 가고자 하는 길인지, 이렇게 사는 것이 맞는지 확신이 서지 않을 때가 많았다. 그럴 때마다 내 자신이 한없이 외롭고 작은 존재라는 것을 느꼈다. 그러다가 결국 용기가 필요한 '나의 길'을 가기보다는 '남들이 가는 길'을 택하곤 했다. 그 길 위에서 남들과 비교하며 사는 것을 너무나 당연한 것으로 여겼고, 사회적 성공은 의심할 여지없이 행복으로 이어질 것이라고 믿었다. 때때로 이유를 모르는 채 몸과 마음이 아프고 힘들 때 나에게 꼭 맞는 처방을 찾는 일은 쉽지 않았다. 그럴 때마다 바로 곁에 두고 수시로 들여다보면 위안이 되고 용기를 얻으면서도 현실감이 있는 그런 존재가 절실하게 필요함을 느꼈다. 바로 그런 책을 쓰는 것이 내가 하고 싶은 일이며 후손들에게 물려주고 싶은 정신적인 자산이다. 그러나 의도가 아무리 좋을지라도 내 자신의 능력 부족으로 과연 의도한 대로 결과가 나올지는 자신이 없다는 것을 고백한다.

나는 힘들고 어려운 일이 있을 때마다 지혜로 가득 찬 선현들의 좋은 글을 읽고 깨우치며 용기와 희망을 얻었다. 내가 확신하는 한 가지는 세상을 잘 살고 싶다면 선현들의 말씀을 항상 가까이 마주하여 배우고 깨우치는 일에 소홀함이 없도록 평생을 노력해야 한다는 것이다. 삶은 태어나서 죽을 때까지 평생 배움의 과정이다. 배움에는 끝이 없고 배우기를 즐겨하는 사람은 늙지 않는다. 따라서 배우기를 멈추는 순간 우리의 성장도 멈춘다고 할 수 있다. 그리고 잊지 말아야 할 것은 아는 것과 실제로 행하는 것은 전혀 다르다는 것이다. 실천하지 않는 지식은 무용지물에 지나지 않는다. 지식으로만 많이 알고 있는 것보다 조금 알더라도 실제 행동으로 옮기는 것이 더욱 중요하고 가치 있는 일이다.

마지막으로 인생을 어떻게 살아야 하느냐고 나에게 묻는다면, 한마디로 '인생 참 짧다. 영원히 살 것처럼 살지 말라'는 말을 해주고 싶다. 인생이란 어느 날 세상에 와서 사람답게 살다가 때가 되면 우주의 한 조각으로 돌아가는 것이다. 삶이 유한하다는 것을 모르는 사람은 없다. 그럼에도 불구하고 우리는 그 엄연한 사실을 잊고 산다. 영원히 살 것처럼 온갖 욕심을 내고 몸과 마음을 해치면서 어리석게 산다. 그렇기 때문에 사람답게 살지 못하고 백 년도 못 살면서 언제나 천 년의 근심을 안고 불행하게 사는 것이다. 사람은 결국 죽는다는 사실을 항시 기억하며 살아가야만 사람답게 잘살 수 있는 것이다.

"누구든 존재와 죽음의 기술을 배우지 않고 어떻게 살 수가 있겠는가?"

−마이스터 에크하르트, 기독교 신비주의자

나의 인생, 그리고 삶의 기술
My Life, And The Art of Living

1

삶을 되돌아보다

소년, 길을 잃고 방황하다. 낙타에서 사자의 길로

    1953년생인 내가 성장하던 소년 시절은 한국 전쟁으로 인한 피해와 경제적 가난으로 온 국민이 힘든 시절이었다. 지금도 잊히지 않는 기억 중에는 나이 어린 거지들이 깡통에 숟가락을 들고 큰소리로 '밥 좀 줍쇼.' 하면서 집집마다 밥을 동냥하러 다니던 모습이 눈에 선하다. 어렸을 때 새 옷은 명절 때만 사 입었는데 옷이 너무 빨리 해지고 떨어져 기워 입을 때가 많았다. 그리고 상태가 괜찮은 옷은 형으로부터 물려받거나 동생에게 내려가곤 했다. 어린 시절부터 공부하지 않으면 평생을 가난의 굴레에서 벗어날 수 없다는 것을 부모님, 선생님으로부터 귀에 딱지가 앉도록 들었다. 사실 그때처럼 굶주리고 가난한 나라에서는 공부밖에 할 게 없었다. 그러기 위해서는 전쟁터와 같은 치열한 입시 경쟁을 뚫고 나가야 했고 명문대학에 들어가서 어엿한 대기업에 취직하거나 고시에 합격해서 성공하는 길밖에 없었다. 요즘처럼 내가 좋아하는 것을 하고 싶다고 해서 할 수 있는 세상이 아니었다.

    나는 초등학교 -그 시절에는 '국민학교'라고 불렀다- 5학년부터 무거운 책가방을 들고 과외 지도를 받으며 좋은 중학교를 가기 위해 무조건 공부해야 했다. 1960년대 중반, 그때는 자녀를 명문 중학교에 들여보내기 위해 소위 '치맛바람'이 엄청나게 불었고, 급기야 '무즙 파동'으로 입시 경쟁이 절정에 달하던 시기였다. 그 당시에 공부를 제일 열심히 하는 학생은 국민(초등)학생이고 다음으로 중학생, 고등학생 순이고 맨 마지막이 대학생이라는 말이 있을 정도였다. 그 당시 대학생들은 독재정권에 맞서 대항하느라 학창 시절을 거의 데모로 보내다시피 했다. 아무튼 그 시절 어린아이들은 어려서부터 경쟁에 내몰리며 좁은 문을 통과해야 하는 힘든 과정을 밟아야만 했다. 중학교에 입학해서는 신당동에서 용산중학교까지 먼 통학 길을 전차나 콩나물시루 같은 버스를 타고 오가야만 했는데, 어린 소년의 그때 모습을 떠올려보니 꽤나 안쓰러운 마음이 든다. 그 시절에는 아이든 어른이든 누구나 그렇듯 힘들게 살았다.

착실한 모범 소년의 모습으로 학창 시절을 보내던 나는 고교 2학년쯤 갑자기 '공부를 왜 해야 하는 거지?' 하는 뜬금없는 질문을 자신에게 던졌다. 그리고는 곧 철없는 방황이 시작되었다. 꽤나 심한 성장통을 앓았던 것이었을까? 나는 갑자기 목표를 잃어버렸고, 공부가 아니면 뭔가 다른 할 것이 있어야 하는데 딱히 그런 것도 아니었다. 단지 어렴풋이 인생에는 이 길이 아닌 다른 길도 있을 것만 같았다. 그때 나는 남들이 가려고 하는 길에 대해 이유 없는 저항만 했을 뿐 그들과는 다른 길을 가려고 한다고 당당하고 확실하게 말할 수 없었다. 방황은 생각보다 길어졌고 그에 따라 부모님의 걱정과 한숨도 깊어만 갔다. 결국 재수, 삼수 끝에 간신히 대학에 입학만 해놓고 군에 가야 할 나이가 꽉 찼기 때문에 입대해야만 했고 강원도 양구에서 3년 가까이 군 생활을 마쳤다. 그렇게 나의 청춘은 거의 5년의 시간이 흘러갔다. 오랜 시간을 애를 끓이며 곁에서 지켜봐 주셨던, 이제는 세상에 안 계신 부모님께 감사드리며 그저 죄송한 마음뿐이다.

그 긴 시간의 방황은 내 인생에서 어떤 의미가 있을까? 그야말로 잃어버린 시간이었을까? 아니면 그 시간 또한 '나'에게는 꼭 필요한 삶의 한 부분이었을까? 돌이켜보건대 나는 니체가 말한 인간 정신 발달의 3단계 중 낙타의 정신에서 사자의 정신으로 나아가는 과정에 있었던 것으로 해석이 된다. 낙타는 황량한 사막에서 아무런 불평도 없이 묵묵히 짐을 지고 나른다. 어린 시절에 부모나 학교를 통해서 주입된 사회의 가치, 규범에 대해 아무런 의문을 품지 않고 맹종하는 낙타 정신에 회의가 들면서 기존의 가치와 의무를 거부하는 사자 정신으로 돌변하고 있었던 것이다. 그런데 니체에 의하면 사자의 정신은 기존의 가치를 부정할 수 있을 뿐 새로운 가치를 창조하지는 못한다. 따라서 새로운 삶의 방향과 의미를 발견하지 못하고 방황하게 된다는 것이다. 나에게는 너무 딱 들어맞는 말이다. 인생에서 '방황'의 경우에도 '총량의 법칙'이 적용되는지 실제로 그 이후에는 방황이라고 할 만한 것을 겪지는 않았다.

> 잠시 어른 행세를, 영웅의 연기를 했었다. 이제 나는 그 결과를 감당해야 했다.
> -「데미안」중에서

나의 인생, 그리고 삶의 기술
My Life, And The Art of Living

세 가지를 얻다. 그러나 그것은 고생 끝, 행복 시작이 아니었음을

군을 제대하는 1977년 봄, 그야말로 늦깎이 대학생 1년차로 복학한 나는 여유롭고 낭만적인 대학 생활을 즐길 기분이 들지 않았다. 군을 면제 받았거나 방위를 마친 동기들은 이미 직장 생활을 시작했기 때문이다. 아마도 주변에서는 말은 안 해도 딱하고 한심하다는 눈초리로 나를 보고 있었으리라 짐작이 된다. 그래서인지 당시 나에게는 평범한 대학 생활보다는 뭔가 새로운 목표가 간절히 필요했다. 바닥까지 내려간 나의 자존심을 일으켜 세우기 위해서는 주변에서 인정하는 고시 합격과 같은 확실한 성공이 필요했다. 그런데 어려서부터 나에게는 우리나라 공무원에 대한 인상이 별로 좋지 않았기 때문에 기업에서 일하고 싶었고 그래서 상경 계통을 택했고 그쪽에서 고시에 해당하는 공인회계사를 목표로 공부를 시작했다. 이제야 비로소 내가 가야 할 삶의 방향과 목표가 정해진 셈이다.

이후 2년 정도 시험공부를 하면서 가장 기억에 남는 것은 추운 겨울 도서관에서 차갑게 식은 도시락을 먹으며 내가 지금 감당하고 있는 고생의 의미를 되새겨보곤 했던 것이다. 주변의 기대를 한 몸에 받고 사는 것도 부담스럽겠지만 반대로 기대는커녕 어차피 안 될 일을 왜 벌이지?

하는 듯한 의문의 눈초리를 견디는 것은 매우 외롭고 힘든 시간이었다. 그때 내 편이 되어준 것은 지금의 아내였다. 고진감래라 했던가, 대학 4학년, 1980년 가을, 드디어 목표를 이루었다. 지금은 회계사 합격자가 매년 1,000명 안팎이지만 당시에는 57명뿐이었고 내가 다니던 대학에서는 홀로 유일하게 합격이 되었다. 교정에 합격을 축하하는 큼직한 현수막이 걸리고 수없이 몰려드는 축하 인사에 정신이 없었다. 그 순간은 그야말로 '영광' 그 자체였다. 이제 모든 것이 끝난 듯싶었다. 그리고는 회계법인에 취업(1980년 11월)과 함께, 졸업을 앞두고 결혼까지(1980년 12월) 일사천리로 밀어붙이듯 진행을 하였다. 그러나 그 모든 일들이 고생 끝, 행복 시작을 의미하는 것이 아니라 단지 전문 직업인으로서 그리고 가장으로서의 새로운 출발점이었을 뿐이며, 더욱 어려운 과제들이 앞에 기다리고 있다는 것을 당시에는 알 수 없었다.

여기까지의 스토리는 삶의 목적과 방향을 찾지 못해 방황하던 긴 시간을 마감하고 누구에게 의존하지 않고 스스로 목표를 찾아서 일궈낸 내 인생의 첫 성과였다는 점에서 매우 중요한 의미가 있으며, 이로 인하여 '할 수 있다'는 자신감과 나 자신에 대한 자긍심을 높이는 등 여러 면에서 내 삶에 긍정적 영향을 주었다. 또한 '절박한 자 즉 간절히 원하는 자'가 목표를 이룰 수 있으며, 최선을 다한 후 결과는 하늘에 맡긴다는 '진인사대천명'의 의미를 깨달을 수 있었다. 그 외에도 사람은 타인의 기대를 먹고 사는 존재라서 그런지 주변의 기대와 응원 없이 홀로 목표를 향해 가는 길은 참으로 외롭고 힘들다는 사실 또한 알게 되었다. 이후 어려운 상황에서 지치고 힘들 때마다 그 당시의 기억을 떠올리면 만병통치 치료약처럼 금세 기분이 좋아지고 행복해지며 활기를 되찾는 효능이 나타나고는 했는데 마치 요술 방망이 하나를 얻은 느낌이었다. 그러나 좋은 일도 행복한 순간도 곧 지나가는 것이며 오래 지속되지 않는다는 것을 그때는 잘 알지 못했다. 이것으로서 나의 홀로서기는 시작되었고 앞에는 또 다른 삶이 나를 기다리고 있었다.

> 무엇인가를 절실하게 필요로 하는 사람이 자신에게 정말로 필요한 것을 찾아내면, 그것은 그에게 주어진 우연이 아니라 그 자신이, 그 자신의 욕구와 필요가 그를 거기로 인도한 것이다.
>
> - 「데미안」 중에서

새로운 길을 찾아 나서다

나에게는 평생 두고두고 생각해 봐도 '그때 왜 그랬지?' 하고 의문이 생기는 일이 하나 있다. 그것은 나의 선택을 후회한다는 의미가 아니라 굳이 그러지 않았어도 되는데 왜 그랬을까 하는 것이다. 그 일은 다름 아니라 회계법인을 떠나 기업으로 이직을 결심한 것이었다. 친구를 따라 대형회계법인에서 나와 로컬회계법인으로 옮긴 지 얼마 안 돼서 일어난 일이었다. 나에게는 직장의 이동일 뿐 아니라 직업을 바꾸는 것이기도 했는데 상당한 고민 끝에 내린 결정이었다. 그토록 고생해서 얻은 '회계사'라는 전문 직업을 시작한 지 거의 6년 만에 새로운 길로 들어서기로 마음을 정한 것이다. 1986년 가을의 일인데 당시에는 회계사가 일반 기업에 간다는 것이 아주 드문 일이었고 주변의 많은 지인들도 의아하게 생각했던 부분이었다.

지금도 안정된 전문직은 젊은이들에게 여전히 선망의 대상이지만, 당시에 '사'자로 끝나는 직업의 인기는 매우 '핫'했다. 하지만 외부에서 바라보는 것과 실제 내부의 모습은 언제나 다르기 마련이다. 그 무렵 막 도입되기 시작한 자유경쟁수임체제는 아주 낯설었고 전문 직업인으로서의 자존심을 상하게 하는 일이 발생하기도 했다. 무엇보다 감사를 하면서 동시에 다음 감사 계약을 부탁해야 하는 상황이 마음에 들지 않았다. 한마디로 감사 계약을 따내야 하는 회계법인 을(乙)이 갑(甲)인 기업에 대해 감사를 하고 잘못된 것에 대해 지적을 제대로 할 수 있겠느냐는 것이다. 바로 그 점에서 의뢰인에게 의료, 법률 등 전문 서비스를 제공하고 대가를 받는 타 전문직과 차이가 있다.

그런데 실제로 그 후 내가 근무했던 회계법인은 대우그룹 분식회계에 휘말려 안타깝게도 공중분해되고 말았다. 그리고 나의 절친은 뒤에서도 한 번 더 얘기하겠지만 SK그룹 분식회계로 인해 우여곡절을 겪다가 끝내 세상을 마감했다. 미국에서도 2000년대 초반에 발생한 엔론, 월드컴 등 대규모 분식회계 문제가 해당 기업의 파산 사태로 이어지면서 미국 경제에 커다란 영향을 미친바 있다. 나는 이러한 사태들 모두 위에서 언급한 구조적 문제와 제도적 허점에 기인한 문제점들이 수면 위로 그대로 드러난 것으로 본다. 이 문제에 대하여 여기서 더 길게 얘기할 생각은 없다.

이러한 업무 환경의 변화 외에도 기업에 관련된 일을 하면서 기업이 실제 어떻게 돌아가는지에 대해서는 별로 아는 것 없이 짧은 감사 기간 동안 수박 겉 핥기처럼 지나간 회계 기록에만 의존한다는 것이 항상 성에 차지 않았다. 그래서 기업에 들어가 직접 집행 과정에 참여해보고 싶었으며, 그 외에 수임을 둘러싼 지나친 경쟁, 고도의 눈치 보기가 필요한 업무 환경 등도 이직하는 데 주요 원인이 되었다. 이상의 상세한 설명은 당시에 나의 선택이 옳았다는 것을 입증하려는 것이 아니라, 평생 동안 주변으로부터 귀가 아프게 들어온 '당신은 왜 좋은 직업을 떠나 기업으로 왔나요?'라는 질문에 대한 답변으로 대신하기 위함이다. 그렇게 나는 새로운 길을 택했고, 그것은 내 모든 것을 바꾸어 놓았다.

오랜 세월이 지난 후 어디에선가
나는 한숨지으며 이야기할 것입니다.
숲속에 두 갈래 길이 있었고, 나는
사람들이 적게 간 길을 택했다고
그리고 그것이 내 모든 것을 바꾸어 놓았다고

― 로버트 프로스트, 「가지 않은 길」 중에서

인간은 끊임없이 과거를 돌아보면서 자기 행동의 의미를 찾고 미래를 걱정하며 불안해한다고 한다. 틈만 나면 계산기를 두드려가며 분석에 들어가는 것이다. 그래서일까? 오랜 시간이 지난 지금도 그때 나의 결정이 궁금해지는 이유다. 젊은 혈기 때문이었나, 모르면 용감해서였을까? 아무리 타당한 이유가 있더라도, 자유로운 환경에서 일하던 전문 직업인이 신설 기업도 아닌 국내 10대 그룹에 속하는 기존의 대기업에 든든한 뒷배도 입사 동기도 없이 혈혈단신으로 들어가 중간 간부로서 그 조직과 기업 문화에 적응한다는 것이 지금 생각하니 대단히 위험스러운 모험이었다. 실제로 한동안 여기서 적응을 못하거나 마음에 안 든다고 다시 돌아간다면 주변의 따가운 시선과 꼬리표가 따라다닐 것 같은 생각에 마음이 편치 않았다. 그럼에도 그때의 나는 젊음의 용기가 있었고, 내가 하고 있는 일의 의미를 무엇보다 중요하게 여겼던 것 같다.

나의 인생, 그리고 삶의 기술
My Life, And The Art of Living

한편, 요즘 들어 명리학에 관심이 생겨 나의 사주를 들여다보면서 흥미롭게도 나의 타고난 기운이 진로를 바꾸는 데 작용한 측면이 있다는 것을 알게 되었다. 현대 명리학에서는 태어난 날(일주)을 중요하게 보는데 실제로 개인의 성향이나 특성과 일치하는 부분이 많아 어느 정신과 의사의 경우 환자를 진료하거나 기업의 임직원들을 상담하는 데도 활용하고 있다고 한다. 내가 태어난 갑인(甲寅)일의 성향을 살펴보면 갑인 두 글자 모두 나무(木)를 가리키는데, 우선 갑목(甲木)은 저항을 뚫고 위로 솟구쳐 오르려는 기운이며 급격하게 삶의 방향을 전환하고 새롭게 시작하려는 특징을 지니고 있다. 또한 자신의 존재를 드러내려는 성향 때문에 주변으로부터 견제와 공격을 받는다. 다음으로 인목(寅木)은 명예를 중시하며 낯선 것을 찾아다니며 도전하고 새로운 환경을 돌파해내는 힘이 강하다. 이를 보면 내가 태어난 날의 우주의 기운은 현실에 안주하기보다는 새로운 길을 찾아 나서는 성향을 갖고 있다고 할 수 있다. 이것 때문이었을까?

"그래요. 자신의 꿈을 찾아내야 해요. 그러면 길은 쉬워져요.
그러나 영원히 지속되는 꿈은 없어요. 어느 꿈이든 새 꿈으로 교체되지요.
그러니 어느 꿈에도 집착해서는 안 됩니다."

- 「데미안」 중에서

나의 인생, 그리고 삶의 기술
삶을 되돌아보다

알 수 없는 피로감과 불안함, 삶의 속도를 조절할 수밖에

너무 서둘러 달려왔기 때문일까? 환경의 변화를 별로 두려워하지 않고 새로운 일에 도전하기를 계속해왔던 나는 어느 날 몸이 예전 같지 않음을 느꼈다. 당시 나는 경제적으로 빨리 안정되기를 원했고, 또 나를 필요로 하는 곳이 많다는 생각에 뿌듯했다. 그래서 아침저녁으로 대학, 학원, 관공서 등에서 강의도 하고 낮에는 회계법인에서 일하고 또 업무 성격상 많은 출장을 소화하면서 동시에 여러 가지 일을 감당해 왔었다. 요즘으로 말하면 투잡, 쓰리잡을 뛴 것이었다. 그러면서 서서히 몸과 마음이 지쳐가고 있었고 몸에서는 쉬라고, 속도를 늦추라고 계속 사인을 보내고 있었는데 젊다는 것만 믿고 그만 무시하고 지나쳤던 것 같다. 그런 와중에 또 일을 벌이려고 새로운 직장으로의 변화를 시도했으니 무리가 갈 수밖에….

새 직장은 만만한 곳이 아니었다. 10대 재벌그룹에 속하는 대규모 조직, 낯선 환경에 낯선 얼굴들, 수많은 직원 중 하나에 지나지 않는 나의 위치, 아직 자리 잡지 못한 역할에서 느끼는 심리적 불안 등 주변이 온통 위험 요인으로 둘러싸여 있었던 것이다. 사실 그때까지 나는 앞으로 나갈 줄만 알았지 주변 상황을 둘러보는 데는 서툴렀다. 새로운 조직은 회계법인과는 근무 환경, 방식, 관계, 처세술 등 모든 면에서 달랐다. 이 모든 것들은 아마도 극심한 스트레스 요인으로 작용했을 것이다. 물론 나는 그때 스트레스라는 것이 무엇인지도 몰랐고 마찬가지로 삶의 속도를 어떻게 조절해야 하는지, 마음이 돌봐야 하는 대상이라는 것에도 무지(無知)했다. 그저 목표를 세우면 앞만 보고 가다가 또 그것이 아니라고 생각되면 바로 방향을 전환하는 식이었다. 힘들 땐 쉬어가야 한다는 것, 삶에는 어느 정도 여유와 즐거움이 동반되어야 한다는 것을 아예 몰랐다. 다만, 다행인 것은 삶의 의미까지 잃지는 않았다.

그제야 나는 알았다. 아무리 스스로 힘들지 않다고, 할 수 있다고 생각을 해도 지친 뇌는 그렇게 받아들이지 않는다는 것을. 그때는 뭔지 몰랐지만 아마도 번 아웃 상태가 된 것이었다. 몸과 마음을 마구 쓰기만 하고 돌보는 데 소홀했던 결과로 면역력이 약해졌기 때문인지 폐렴으로 병원에 입원까지 하게 되었다. 갑자기 일상적인 삶이 힘들어졌고 불면증까지 겹쳐서 왔다. 지친 몸만큼 자신감도 쪼그라들었고, 한 번 지친 몸은 쉽게 회복되지 않았으며 후유증은 오래 지속되었다. 그럴수록 나 자신과 대화하면서 내면을 들여다보는 시간이 늘어났다. 건강을 잃고 나면 아무것도 소용이 없다는 것을 깨닫게 된 나는 이후 조심스럽고 소심한 성격으로 바뀌게 되었다. 그리고 과유불급(지나침은 모자람과 같거나 못하다)의 의미를 새기며 욕심을 내려놓고 부족한 대로 스스로 만족하는 법을 배워야했다. 나를 다시 일으켜 세운 것은 아빠만을 바라보고 있는 가족들, 그리고 독서를 통해 얻는 주옥같은 삶의 지혜들이었다. 좋은 글을 읽을 때마다 왠지 까닭 모를 눈물이 나곤 했다. 그리고 다시 살아갈 힘을 얻었다. 나는 그렇게 인생을 조금씩 이해하기 시작했다.

외국에서의 생활, 이 또한 운명인가?

몸과 마음을 추스르며 새로운 조직에 서서히 적응할 즈음에 1994년 11월, 미국 LA 지사로의 발령을 받았다. 나를 비롯해 아내와 애들 모두 경험해 보지 못한 새로운 도전이었다. 외국생활에 대한 기대와 호기심으로 마음이 들뜨는 동시에 머나먼 땅에서의 새로운 삶에 대한 두려움도 있었으리라. 처음으로 미국 동네에 들어선 순간 한국과는 뭔가 코끝에서 느껴지는 냄새가 다르다는 느낌이 들었다. 정확하게 무슨 냄새인지는 모르겠다. 나라마다 고유한 냄새가 있는 모양이다. 당시 미국은 지금도 그렇지만 대단한 나라였다. 50개의 주로 구성되어 있는데 캘리포니아 주 하나의 경제 규모만 해도 현재 국가별 순위 5위에 해당할 정도로, 한 개의 주를 하나의 국가로 볼 수 있다. 그렇게 치면 50개 국가가 모여 있는 것과 같다고 할 수 있다.

미국에 대한 첫 인상은 땅덩이도 크지만 사람, 동물, 나무, 자동차, 마트 등 눈에 보이는 것마다 모두가 커서 낯설고 희한하다는 생각이 들었다. 가장 인상적이었던 것은 사람을 존중하고 일단 믿어준다는 점이었다. 그 대신 나중에 거짓말이 탄로 나면 큰 대가를 치른다. 사람이 항상 먼저고, 도로에 사람이 지나가면 어디서든 차는 일단 무조건 선다. 누가 보지 않아도 골목길 STOP(우선멈춤) 사인 앞에서 철저히 멈춘다. 처음에 초행길에서 두리번거리느라 깜박하고 STOP 사인에서 멈추지 않고 그냥 간 적이 있었는데 어디선가 경찰이 나타났다. 더욱 놀란 것은 권총을 꺼낼 차비를 하고 다가오면서 꼼짝 말라고 외치는데 겁이 나서 혼났던 적이 있다. 한 번 걸리면 벌금이 상당하다.

　그리고 미국 차에는 운전대 앞 백미러에 진행 방향이 표시되는 게 흥미로웠는데 당시에는 내비가 없었고 워낙 나라가 크다보니 잘못하면 방향 감각을 잃고 흑인 밀접 지역과 같이 위험한 곳으로 들어가는 경우가 생기는데 이때 중요한 나침반 역할을 한다. 또 하나, 길을 잃었을 때 가장 좋은 방법은 계속 이리저리 헤매고 다니지 말고 왔던 길로 빨리 되돌아 나오는 것이라는 것을 배웠다. 인생길도 똑같지 않을까? 한 번은 마트 계산대에서 의도치 않게 줄을 헷갈려 뒤에 다른 사람이 서 있는 줄 모르고 계산하려고 하는데 Cashier가 나하고는 아예 눈도 마주치지 않으면서 내 뒷사람을 앞으로 불러 상당히 창피했던 적이 있었다. 그들은 Fair(공정)하지 못한 행동을 매우 싫어하는 것 같았다.

가장 기억에 남고 생각할 때마다 미소를 짓게 만드는 즐거웠던 추억은 커뮤니티칼리지에서 다양한 국가에서 온 이민자들과 함께 두 학기 정도 영어 수업을 받던 것이다. 각자 꼭 필요해서 듣는 수업인 만큼 빠지는 사람도 거의 없었고, 또한 수업 진행 방식이 너무 재미있어서 그 시간이 기다려졌다. 지금도 그중 몇 사람의 얼굴은 어렴풋이 기억이 난다. 또한, 수업 참가자 개인의 이름을 전부 기억하고 항상 이름을 불러주던 미국인 선생님도 그립다. 미국 생활은 내 인생에 많은 변화를 가져왔고 한동안은 매일매일이 새로웠고 즐거웠다. 물론 그때는 미국의 어두운 면에 대해서는 잘 몰랐기도 하지만 말이다.

　생각해 보니 회계사를 그만두고 기업으로 이직한 것이 이렇게 온 가족이 미국에서 살아가는 운명으로 바뀌는 결과를 가져왔다. 인과의 법칙에 따른 것이기는 하나 너무 큰 변동이라 운명론까지 생각하게 된다. 아이들은 미국을 무척 좋아하게 되었고 3년 임기를 마친 후 나는 귀국을 했으나 많은 고민 끝에 아이들은 지들 희망대로 미국에 남아 학업을 계속하는 것으로 결정을 내렸다. 그러나 당시 한국은 IMF가 막 시작되었고, 나 또한 경제적으로 여유가 있는 형편이 아니어서 이후 가족 모두 힘든 생활을 견뎌야만 했다. 뿐만 아니라 나는 일 년에 몇 번씩 미국을 오가는 지독한 역마살에 시달려가며, 말로만 듣던 '기러기 아빠'가 되었다. 한번 해보자고 시작했던 것이 3년, 5년, 10년을 지나 25년 넘게 지금까지 이어지고 친손주, 외손주가 그곳에서 태어났다. 그때로 다시 가라고 하면 갈 수 있을까? 가족과 멀리 떨어져 다른 나라에서 혼자 지낸다는 것은 지독하게 외롭고 힘든 시간이었다. 그런데 나는 왜 그 길을 선택했을까? 선택의 대가는 나와 아내의 희생을 필요로 했고, 우리 부부는 그렇게 한동안 헤어져 살아야 했다. 역시 선택은 늘 어렵고, 때로는 상당한 대가를 치러야 한다는 것을 또 한 번 배웠다.

인생길에서 얻은 것과 잃어버린 것

어디 인생이 살고 싶은 대로 살아지던가? 살다 보면 삶은 엉뚱한 길을 가고 있는 경우도 많다. 미국에서 귀국한 1998년은 IMF로 온 나라가 힘들었던 시기인데다가 일단 저지르고 본 기러기 아빠 생활은 나로 하여금 경제적으로 많은 어려움을 겪게 만들었다. 한편 회사에서는 많은 일들이 나를 기다리고 있었다. 1999년도에는 한 번 조사받으면 기업이 송두리째 해체될 수도 있다는 국세청의 특별 세무조사를 회계 책임자로서 직접 겪었다. 처음 겪어보는 어려운 일이었으나 그 일로 인하여 세상이 어떻게 돌아가는지 비로소 많은 것을 이해하게 되었다. 그리고 몇 달 아니 거의 1년 가까이 휴일도 반납한 채 일에 몰두하며 지냈는데 그 때문인지

외로움이나 다른 것을 생각할 겨를이 없었다. 하지만 사람인지라 때로는 휴일에 혼자 있는 시간이 되면 마음이 울적해지면서 밀려드는 가족에 대한 그리움을 참아내기가 쉽지 않았고, 이게 혼자서 뭐하는 짓인가 싶어 당장이라도 모든 것을 접고 가족들이 있는 곳으로 떠나고 싶은 마음에 괴로워하기도 했다. 이러한 생활이 반복되던 차에 2000년 초 임원이 되면서 그동안 고생에 대한 위로와 보상이 어느 정도 이루어졌다. 임원이 되면서 나의 삶에도 직장 생활에도 힘이 들어가기 시작했다. 그리고 삶의 속도에는 가속이 붙어 점점 더 높은 곳을 향하여 달리기 시작했고 다른 길은 눈에 들어올 여지가 없었다.

모든 것에는 양면이 있다. 밝은 면이 있으면 어두운 면이 있고, 얻는 것이 있으면 잃어버리는 것도 있다. 누리는 것이 많을수록 그것을 잃게 될까 봐 걱정과 두려움도 늘어난다. 직위가 올라갈수록 몸과 마음은 더욱 직장에 올인하게 되었으며, 욕망과 집착은 점점 커지고 즐거움과 여유로부터는 멀어지고 있었다. 어느새 나의 영혼은 길을 잃고 남들에게 보여주기 위한 삶을 살고 있었으며 안락한 의자에 길들여지고 있었다. 내가 출세에 눈이 먼 사람은 아니었지만 앞만 보고 달리는 삶의 궤도에서 벗어날 수는 없었다. 그러는 동안 가족들과 떨어져 있는 시간은 차츰 더 길어졌다. 주변에서는 자식이 속을 썩여서 모든 생활을 정리하고 미국의 가족 곁으로 다시 돌아간 사람들의 얘기도 들렸다. 나도 물론 한때는 자식 때문에 혼자 속을 끓이며 걱정을 많이 했던 시간들이 있었다. 자녀들이 성장하는 동안 옆에서 지켜보며 소중한 시간들을 함께하지 못했고 아내와의 오붓한 시간을 잃어버렸으니 되돌릴 수 없는 잃어버린 시간들에 대한 아쉬움은 내 인생에서 두고두고 남아 있다. 한편 이때야말로 가족이 얼마나 소중한지를 사무치게 깨닫게 되었지만, 지금도 자녀들과 그들이 낳은 손주들하고는 계속 그리워하며 떨어져 살고 있으니 내 '팔자'인가 보다.

지나온 길 위에서 나에게 스스로 물어본다. "후회는 없어? 그때로 돌아간다면 또 같은 선택을 할 거야?" 그러면 나는 이렇게 답하고 싶다. "그래, 그만하면 됐다. 후회 없는 인생이 어디 있던가? 만약이라는 말로 시작되는 가정에 의한 질문은 불필요하다. 나는 오늘보다는 나은 내일을 원했고, 딴 짓 안 하고 가족을 위해 열심히 살았다. 그것으로 만족한다." 그렇다. 그것은 내가 선택한 인생이었다.

훌륭한 숙소와 높은 연봉, 하지만 자유를 포기한다는 것. 임금 노동자가 된다는 것. 마리우스의 생각으로는, 그 제안을 수락함으로써 그의 지위는 더 좋아지는 동시에 더 나빠지고, 그는 안락을 얻고 위엄을 잃을 것이었다. 그것은 완전하고 아름다운 불행이 추악하고 가소로운 부자유로 바뀌는 것이었다.

− 『레미제라블』 중에서

나의 인생, 그리고 삶의 기술
삶을 되돌아보다

만남과 이별, 시절인연에서 답을 구하다

시절인연(時節因緣), 불가의 용어로 모든 인연에는 때가 있다는 뜻이다. 굳이 애쓰지 않아도 만나게 될 인연은 만나게 되어 있고, 아무리 애를 써도 만나지 못할 인연은 만나지 못한다는 것이다. 또한 헤어지는 것은 인연이 딱 거기까지이기 때문이고 내 품안에 영원히 머무는 것은 아무것도 없으니 섭섭해 할 이유가 하나도 없다. 사람간의 만남과 헤어짐을 시절인연만큼 적절하게 설명한 것은 없다고 생각한다. 사람은 평생 동안 많은 사람들과 만나고 헤어지고, 잊어버리고 잊힌다. 사람에게는 시절마다 친구가 있다. 어린 시절, 학창 시절, 직장 시절 등등.

여기서 꼭 남기고 싶은 얘기를 지금부터 시작하려고 한다. 고교 시절 몇 안 되는 가까운 친구 중 한 명이 30대 초반 너무도 이른 나이에 세상을 떠났다. 그것도 머나먼 중동 땅에서 불의의 사고로 유명을 달리했는데 부인과 서너 살짜리 아들 하나를 남기고 갔다. 나를 비롯한 친구들에게는 엄청난 충격이었다. 나는 친구의 애통한 죽음 앞에서 그 의미를 도저히 이해할 수 없었고, 그래서 '시절인연'이라는 말을 좋아하게 되었다. 그러나 몇 년이 지나지 않아 또 하나의 슬픈 인연이 생기는데 동갑내기였던 회계법인의 친구가 갑작스런 사고로 30대 후반에 어린 딸을 남기고 떠났다. 이들 두 친구의 죽음은 나로 하여금 만남과 이별, 그리고 죽음에 대한 생각에 깊이 빠져들도록 만들었고, 이후 한동안 이른 아침이나 한밤중에 정적을 깨고 울리는 전화 벨소리에 대한 트라우마에 시달렸다.

그리고 마지막으로 첫 직장에서 만난 김동훈이란 친구에 관한 얘기인데 이 친구와의 인연을 빼놓고 나의 인생을 얘기하기는 어려울 것 같다. 나이도 동갑이고 여러모로 잘 통하던 그와는 죽이 잘 맞았다. 어느 날 '친구 따라 강남 간다.'는 말처럼 그를 따라 첫 직장을 떠나게 되었다. 우리의 사직을 만류하던 회계법인 대표 앞에서 당당하게 '알을 깨고 나오는 심정'으로 새로운 길을 찾아 떠나겠다는 그가 참으로 대단해보였다. 그러나 친구만 믿고 찾아간 그 길은 나에게는 맞지 않는 길이었나 보다. 결국 얼마 되지 않아 나는 앞에서 말했듯이 기업으로 이직을 하게 되면서 그와는 길을 달리하게 되었다. 이후 그는 내가 선택한 길을 계속 지켜보면서 본인도 어떤 길을 가야 할지 잠시 고민을 했던 것으로 나에게 말한 적이 있다. 그렇지만 그는 평생 한 길만을 우직하게 갈 것이고 훗날 그것으로 평가받겠다고 한 평소의 소신대로 자신이 선택한 길을 계속 지켰다.

가는 길은 달라졌지만 그가 2003년 쓰러지기 전까지 변함없이 계속 우정을 이어가게 되는데, 불행하게도 그는 자신이 담당 파트너 회계사였던 국내 굴지의 재벌그룹의 분식회계 사건에 휘말려 여러 감독 기관으로부터 조사를 받으며 노심초사하던 중 급성 심장마비로 쓰러졌다. 그때 불과 나이 오십이었다. 쓰러지기 얼마 전 만났을 때 그는 억울한 심정을 하소연하면서 주변의 따가운 시선을 견디기가 너무 힘들다고 괴로운 심경을 털어놓았다. 그 후 중환자실에서 사경을 헤매다가 다행히도 생명은 건졌지만 뇌기능이 거의 상실되어 식물인간에 가까운 상태로 15년 정도를 보내면서 가족을 비롯한 많은 이들의 마음을 안타깝게 했다. 그리고서는 막내 결혼식을 아는지 모르는지 그때까지 버티다가 결혼식이 끝나고 난 지 얼마 안 돼서 한 많은 이승을 마감하고 눈을 감았다. "사느라고 참 고생 많았네그려. 이제 고통도 슬픔도 없는 하늘나라에서 편히 쉬시게, 친구여!" 참으로 인간은 약한 존재이고, 인생이란 허망한 것이다. 우리가 젊은 시절 직장에서 처음 만났을 때 이러한 운명이 될 것을 어찌 상상이나 했겠는가? 이제 같이 늙어가면서 함께할 시간도 많고, 옛날 얘기하며 웃고 즐길 일도 많은데 이를 어찌하면 좋으랴. 시절인연이 다했기 때문일까? 나는 그렇게 소중한 친구 하나를 보냈고, 오래전 혼자 다른 길을 선택했던 나 자신을 책망할 수밖에 없었다. 그의 빈자리로 인해 인생의 남은 길이 더욱 허전해질 것이다. 그와의 인연이 거기까지이고 내 곁에 영원히 머무는 것은 없으므로 슬퍼할 이유가 없다고는 하나, 나이가 들수록 그가 그립고 보고 싶은 날들이 점점 늘어나는 것은 어쩔 도리가 없다.

은퇴, 잃어버린 나를 찾아 떠날 때다

　나는 평소 은퇴를 '내가 해보고 싶은 것을 시작하는 때'로 규정했다. 일반적으로 은퇴란 경제적 활동을 접는 것을 의미하므로 사실 경제적인 문제가 어느 정도 해결이 된다면 은퇴는 두려워할 것이 아니라 반겨야 할 일이다. 더구나 자신의 일에서 의미와 가치를 발견하지 못하고 단순히 생계 목적이나 사회적 품위 유지를 위해서 일을 해왔다면 더욱 그렇다. 자신이 스스로 은퇴 시점을 결정할 수 있는 사람은 행복한 사람이다. 대부분 자신의 의사와 관계없이 등 떠밀리다시피 내려오는 게 현실이다.

　손으로 헤아려보니 34년 정도를 여러 곳에서 일했고, 환갑을 막 지난 즈음 마지막 직장에서 퇴직을 하게 되었다. 그리고 소위 말하는 인생 2막의 출발점에 서게 되었다. 나의 앞에는 두 가지 길이 놓여 있었다. 회계사로서의 전문직을 다시 시작할 것인지, 아니면 조용히 은퇴 생활을 즐길 것인지를 결정해야 했다. 그런데 마음은 후자(後者) 쪽으로 기울고 있었다. 지나간 세월은 나의 몸과 마음을 지치게 하기에 충분했고, 그래서인지 이제 일이라면 할 만큼 한 것 같다는 생각이 들었다. 앞으로는 돈을 벌기 위한 일보다는 시간적 여유를 누리면서 나 스스로 의미를 찾을 수 있는 일이면 더 좋을 것 같았다. 그리고 한편으로는 오랫동안 떨어져 살아온 가족들 곁에 머무르고 싶은 생각도 간절했다.

하지만 사람인지라 명함이 없는 삶을 상상하기 어려웠고, 갑자기 넉넉해진 시간 속에서 나 자신을 마주 대할 용기가 나지 않았다. 게다가 관성(慣性)의 힘은 나에게 계속 가야 한다고, 여기서 멈추면 안 된다고 꼬드겼다. 그러나 멈춰진 시간 속에서 집착을 내려놓으니 그곳에 다른 세상이 있었다. 그리고 전에 머물던 곳의 주변을 맴돌지 말라는 가르침이 새삼 떠올랐다. 앞에서도 잠깐 얘기했지만 방향 전환과 새롭고 낯선 환경을 헤쳐 나가는 것은 갑인일생(甲寅日生)의 주특기다. 그래서인지 나는 기대 이상으로 새로운 삶에 잘 적응해 나갔다. 그리고 미국에서 동갑내기 친, 외손주들이 연달아 태어나서 벌써 1학년이 될 만큼의 시간이 흘러갔다. 이제 나에게는 미래보다 오늘이 소중하다. 그리고 가끔씩 과거로 돌아가 보는 것은 꽤 재미나는 일이 되었다.

"제 모든 생애는 늘 길 위에 있었던 것 같습니다. 그런데 지금 집으로 돌아왔습니다.
돌이켜 생각해 보세요. 그 길이 그렇게 어렵기만 했나요? 아름답지는 않았나요? 혹시 더 아름답고 더 쉬운 길을 알았던가요?"
                                                    - 『데미안』 중에서

은퇴하기에 적당한 나이란 없는 것 같다. 개인의 형편과 의지에 따라 다르기 때문이다. 은퇴와 퇴직은 다르다. 지나온 세월을 돌아보니 몸에 맞지 않는 옷에 몸을 맞추려 온갖 억지를 부리고 애를 쓰며 살아온 시간이었다. 큰 옷, 작은 옷 가리지 않고 입으려 했던 것은 아니었나하는 반성도 든다. 또 나의 가볍고 부주의한 언행으로 상처받은 사람이 얼마나 많이 있을까? 평생 나 자신을 위한 것 말고 남을 위해서 한 일이 무엇이었던가? 긴 여행을 마치고 잠시 멈춘 시간 속에서 그동안 놓쳐버린 많은 것들, 그리고 메말라버린 감성 등이 느껴진다.

자신이 원한 것이든, 원하지 않던 것이든 간에 은퇴란, 어리석음과 무지(無知)에서 그만 깨어나라고 인생의 시계가 알람을 울리는 것이다. 남은 시간이 얼마 되지도 않는데 언제까지 그런 세상에서 살 거냐고 묻고 있는 것이다. 또 마음 한번 바꿔먹으면 다른 세상도 있다는 것을 알려주고 싶은 것이다.

나는 이번 기회에 오직 나만을 위한 길을 택함으로써 인생에서 여백(餘白)의 시간을 스스로 마련하였다. 그리고 그 여백을 또 무언가로 채우려고 애쓰기보다는 그대로 놔두기로 했다. 그러자 군더더기 없이 간결하고 집중할 수 있는 시간이 만들어졌다. 이제 자연인으로 돌아온 나는 구도(求道)의 길을 가는 초보 서생처럼 인생의 근원적인 질문들에 대하여 숙고하고 성찰할 시간을 갖게 되었다. 또한 그동안 목말라하던 영성(靈性)을 향해 길을 찾아 나설 수 있게 되었다. 그뿐 아니라 마음껏 독서의 즐거움에 빠지고 선현들의 지혜와 가르침을 만나는 기쁨을 누리게 되었다.

조용하고 적적한 가운데 독서와 산책, 지인들과의 만남, 여행으로 만들어가는 새로운 삶이 맞춤옷처럼 나에게 딱 맞는다. 더 이상 억지로 맞지도 않는 옷에 몸을 맞출 필요가 없다. 심심하고 지루함을 느낄 사이도 없이 뚝딱하고 세월이 흘러 칠순을 눈앞에 두고 있는 지금, 이제야 비로소 세상 뜻이 아닌 내 뜻대로 산다는 것의 의미를 느껴본다. 그리고 남들에게 보여주기 위한 것이 아닌 나 스스로의 삶을 살려고 노력하면서, 그동안 잃어버리고 살았던 '나'를 찾아가고 있음이 실감난다.

돌아가리라
전원이 장차 황폐해지려 하니 어찌 아니 돌아가리.
여태껏 마음은 몸을 위한 노예였거늘
어찌 홀로 슬퍼만 하고 있는가.
이미 지난일은 돌이킬 수 없음을 깨달았고
앞일은 바르게 할 수 있음을 알았다
길을 어긋나 헤맸으나 그리 멀리 벗어나지 않았으니
지난 잘못을 이제부터라도 깨우쳐보리라

— 도연명, 「귀거래사」 중에서

나의 인생, 그리고 삶의 기술
My Life, And The Art of Living

노년에 접어들다. 이제부터가 진짜 인생이다

인생에서 어느 시기를 노년이라 하는가? 외국의 한 연구 결과에 따르면 1990년의 75세 노인은 1960년대의 65세 노인과 생물학적으로 대등한 상태라 한다. 그렇다면 2022년인 지금의 75세 노인은 같은 기준으로 보면 훨씬 더 아래로 내려갈 것 같다. 또한 이탈리아의 노인 학회(2018년)에서 한 대학교수는 "오늘날 65세는 30년 전의 40~45세, 75세는 1980년의 55세에 해당하는 육체적, 정신적 능력을 지니고 있다"며 노인의 나이를 올려야 한다고 주장했다. 이러한 주장들이 물론 과학적이고 실제적인 근거에 기반한 것이겠으나 누구나가 노인이 되는 시점을 가능하면 늦추고 싶은 속내도 숨어 있지 않을까 나름 추측을 해본다.

현재 우리나라에서는 공식적으로 만 65세 이상을 노인으로 인정하고 있다. 이때부터는 자신이 원하든 원치 않든 간에 사회적으로는 '노인' 즉 '어르신'이라는 호칭으로 불리게 된다. 공원, 공연장 같은 곳에 입장할 때 무료 내지는 할인을 받는 특혜도 주어진다. 미국의 맥도날드에서는 시니어 커피 요금이 따로 있고, 굳이 말해주지 않아도 어떤 직원은 자기가 봤을 때 시니어로 판단되면 그냥 알아서 시니어 요금을 받는 경우도 있는데 한편으로는 고맙기도 하지만 '내가 이제 그렇게 보이는구나'라는 생각에 마음이 울적해졌던 때도 있었다. 누군가는 '청춘이란 인생의 어느 기간을 말하는 것이 아니라 마음의 상태를 말하는 것이다. 그러니 나이를 먹는다고 해서 사람이 늙는 것은 아니다'라고 했다. 사무엘 울만의 '청춘'이라는 시에 나오는 구절이다. 듣기에 좋은 말이긴 하지만 우리 사회의 일반적인 인식과는 거리감이 느껴진다.

　노년이 되니 여러 가지 면에서 편하다. 우선 생계를 위한 밥벌이에서 벗어날 수 있어서 그러하다. 다음은 다른 이들의 시선을 아무래도 덜 의식하게 되니 편하다. 또 내가 누구인지를 증명해 보여야 한다는 강박에서도 벗어날 수 있어 좋다. 세상일에도 비교적 담담해질 수 있다. 이제부터는 그저 마음이 가는 대로 살면 된다. 그런 의미에서 노년이야말로 인생의 굴레를 벗어던지고 진정한 자유를 누리면서 자아를 실현해나가는 시기라고 할 수도 있지 않을까? 노년에는 미래가 없고 오늘이 있을 뿐이다. 앞으로 남은 시간이 많지 않다는 것을 알기에 하루하루, 매시간이 주어지는 게 감사하고 소중할 따름이다.

　그런데 노년의 길 앞에서는 가보지 않은 길에 대한 설렘 같은 것이 느껴지지 않는다. 아마도 살아오면서 봐온 그다지 아름답지 못한 노년의 모습이 우리로 하여금 지레 겁먹고 걱정과 두려움 속으로 스스로를 몰아넣기 때문이 아닐까? 그러나 한편으로는 인생의 마지막 부분을 잘 마무리해야겠다는 담담한 각오 같은 것이 느껴진다. 노년에도 아직 삶은 남아 있고 잘 살아내야 되기 때문이다. 그래서 어떻게 살 것인지는 노년에도 역시 중요한 문제이고, 잘 늙기 위한 삶의 기술 또한 필요하다. 노년의 기술은 이 책의 마지막 부분에서 다루었다. 노년에 접어드니 삶은 저절로 단순하고 소박해진다. 그 가운데에서 진정 소중한 것들이 무엇인지 더욱 뚜렷해진다. 노년에 들어서서야 인생이 무엇인지 조금 알게 된 것일까? 지금까지 살아온 것은 아무것도 아니다. 이제부터가 진짜 인생이다.

"늙는 것도 쉬운 일은 아니다.
산천이나 초목처럼 저절로 우아하게 늙고 싶지만 내리막길을 저절로 품위 있게 내려올 수 없는 것처럼 그게 그렇게 쉬운 일이 아니다.
그래도 나는 이 나이가 좋다.
마음 놓고 고무줄 바지를 입을 수 있는 것처럼 나 편한 대로 헐렁하게 살 수 있어서 좋다.
다시 젊어지고 싶지도 않다.
안하고 싶은 걸 안 하고 싶다고 말할 수 있는 자유가 얼마나 좋은데 젊음과 바꾸겠는가."

-박완서, 「놓여나기 위해, 가벼워지기 위해」 중에서

나의 인생, 그리고 삶의 기술
삶을 되돌아보다

내가 바라보는 세상의 모습

　내가 살고 있는 지금 이 시대는 인류의 역사가 시작된 이래 가장 진화하고 발전된 모습의 세상임에 틀림없다. 그렇지만, 수백, 수천 년 이후 세상에 존재하는 후손들에게는 - 지금 우리가 그만큼 오래전 역사에 대해 느끼듯이- 옛날이야기처럼 흘러간 역사의 일부가 될 것이고, 그들 역시 당장 살아가야 하는 오늘의 문제가 제일 중요할 것이다. 서기 1만 년에는 사람들이 어떠한 모습으로 살고 있을까? 인간은 언제 태어나든 자기의 시대만을 잠깐 살다가는, 어찌 보면 '고선지부지설, 苦蟬之不知雪'(여름 한 철 살다가는 매미는 겨울에 내리는 눈을 알 수 없다)의 매미와 같은 운명이다. 지금 보고 있는 것이 우리가 아는 세상의 전부인 것이다. 우리는 농업혁명, 르네상스, 산업혁명, 1, 2차 세계대전, 미소 냉전시대 등 수천 년의 역사를 거쳐 인터넷과 스마트폰, 드론, 자율 주행차, 인공지능, 가상현실, 로봇 혁명, 그리고 이제 막 첫걸음을 뗀 우주여행으로 대표되는 4차 산업혁명 시대에 살고 있다. 인류가 앞으로 어떤 모습으로 변화할 것인지는 매미처럼 짧디짧은 생을 살다가는 우리 인간으로서는 도저히 알 도리가 없다. 나는 그것이 궁금해서 견딜 수 없다.

　세계 인구는 지금으로부터 약 1만 년 전인 B.C 8000년경에는 불과 500만 명 정도로 추산되나 2021년 세계 인구는 78억 명을 넘어서고 있다. 그런데 우리는 누구이며 어디서 왔는가? 사람과 침팬지는 약 500~600만 년 전 공통 조상으로부터 갈라져서 완전히 다른 형태로 진화한 것으로 알려졌다. 최초의 인류(오스트랄로피테쿠스)가 지구상에 나타난 것은 지금부터 약 200만 년 전으로 보고 있다. 인류의 진화는 여러 지역에서 진행되었지만 그 뿌리는 아프리카라고 한다. 이후 '호모 사피엔스'(舊人,네안데르탈인)가 등장한 것은 대략 20만 년 전에서 7~8만 년 전이다. 그리고 마지막 빙하기가 끝나갈 무렵인 약 3~4만 년 전에 '호모 사피엔스 사피엔스'라는 새로운 인류 즉 현생 인류가 등장하였다. 그러고 보면 현 인류인 우리는 적어도 500~600만 년 이상의 진화를 거쳐 오늘에 이른 엄청난 결과물이다. 그러니 이 세상에 태어나서 살고 있다는 것 자체가 참으로 놀랍고 경이로운 일이라고 아니할 수 없다.

현재 팬데믹 상태인 코로나(COVID-19)는 전 세계 인류의 삶을 송두리째 바꿔놓고 있는 중이다. 학교 수업이 온라인 방식으로 대체되었고, 재택근무가 늘어나고, 여행이나 외출이 중단되고, 요양원에 있는 가족을 면회도 못하며 영화관도 마음대로 못 가는 상황이 지속되고 있다. 반가운 사람과 인사를 나눌 때도 악수나 포옹 대신에 '주먹 인사'나 '팔꿈치 인사'로 대신하고 있다. 인생에서 잃어버린 시간이 어느새 2년을 넘어가고 있는데 코로나는 수그러들 기미가 보이지 않는다. 오히려 세계 곳곳에서 더욱 전파력이 강한 변이 바이러스가 나타나고 있는 상황이다. 내가 살고 있는 시대에 이런 상황이 벌어지리라고는 상상조차 못했다. 중세 시대 흑사병처럼 말로만 들어봤던 바이러스 유행이 지금 첨단 과학의 시대에 인류를 공포에 떨게 하고 있다. 이러한 현상 앞에서 인류는 한없이 작고 약한 존재임이 여실히 드러났지만 과거에 그러했듯이 이 또한 극복할 것이다. 그럴지라도 이번 세대가 처음 겪는 이러한 경험은 앞으로 인류의 생활에 많은 변화를 초래할 것이다.

한편 부의 양극화와 편중 현상, 경제적 불평등은 더욱 심화되어가고 있다. 부자와 가난한 자들 간의 재산, 소득 격차는 갈수록 엄청나게 벌어지고 소수의 가진 자들에게 부가 집중되고 있다. 시장 경제와 자본주의는 과연 만능인지 의문이 든다. 한국의 경우 대학을 졸업해도 청년층의 취업은 갈수록 어려워지고 정규직과 비정규직 사이의 갈등도 심화되고 있다. 게다가 코로나로 인해 사람들의 자유로운 이동이나 모임이 제한됨에 따라 소비 활동이 위축되어 경제적 취약 계층인 자영업자의 삶은 더욱 피폐해지고 있다. 옳고 그름에 대한 사람들의 인식도 변하고 있다. 진영 논리가 우선이다. 참으로 낯선 세상으로 변하고 있다. 때로는 세상이 어떻게 변할지 몰라 무섭다는 생각이 들 때도 있다.

저 멀리 우크라이나에서는 러시아의 침공으로 이 와중에 전쟁이 한창이다. 세상은 힘 있는 자의 것임이 확실히 드러났다. 힘을 키우지 않으면 언제 그런 꼴을 당할지 알 수 없다. 미국을 비롯한 강대국들이 전쟁을 중단하라고 압력을 넣지만 러시아는 꿈쩍도 안 한다. 특이한 것은 디지털 환경의 진화로 전쟁이 곳곳에서 생중계되다시피 한다. 전쟁의 참상은 이루 말할 수 없이 참혹하다. 뿐만 아니라 코로나 경제 대책으로 전 세계적으로 통화량이 증가하고 전쟁의 여파 때문인지 모든 나라에서 물가가 급등하고 있다. 서민들에게 살기가 좋았던 때는 과연 언제였던가? 국가는 국민에게 과연 무엇인가를 다시 생각하게 하는 시점이다.

나의 인생, 그리고 삶의 기술
삶을 되돌아보다

2

삶의 길목에서 나에게 묻다

당나라 시인 두보는 '인생 칠십 고래희, 人生 七十 古來稀'라고 했다. 사람이 칠십까지 사는 것은 매우 드문 일이라는 뜻이다. 현대인의 평균 수명은 70세를 훨씬 넘어 100세 시대라고 말들은 하지만 그래도 칠순 나이에 살아온 길을 돌아보니 참 먼 길을 왔다고 할 수 있겠다. 한 발 한 발 내딛다 보니 여기까지 왔는데 다시 돌아가라 하면 갈 수 있을까? 지난 세월 속에서는 짙은 땀 냄새가 느껴지고 어렴풋이 눈물 자국이 보이는 것 같다. 고단하고 힘들었던 여정, 그리고 아픈 과거의 기억마저 세월의 강물에 씻겨 내려가 이제는 지나간 모든 것들이 아름다운 추억으로 남았구나! 했더니 어느덧 내 모습은 이렇게 백발이 성성한 모습으로 변해 있더라. 하지만 삶은 여전히 어렴풋하고 불확실하다. 정녕 세월이 가는 소리를 듣지 못했고 아직도 늙고 죽음을 포함한 세상사 모든 것을 이해할 만큼 지혜롭지도 못한데 벌써 날이 저물기 시작하니 이 아쉬움을 어쩌란 말인가.

나의 인생, 그리고 삶의 기술
My Life, And The Art of Living

지금까지 무엇을 위하여 그렇게 열심히 살았나? 앞으로 남은 삶을 어떻게 살아야 할 것인가? 이제는 인생 칠십의 반열에 올랐으니 삶을 논하고 늙음을 논하고 싶다. 언젠가는 알게 되겠지 하면서 가슴속에 켜켜이 쌓아놓기만 하고 뒤로 미뤄 놓았던 해묵은 질문들을 이제야 밖으로 꺼내 놓으며 스스로에게 묻고 답한다. 칠순에도 나에게는 여전히 어려운 물음이다. 그리고 이제 남은 삶과 함께 죽음을 생각하지 않을 수 없다. 둘 다 모두 어려운 건 마찬가지나 어려울수록 답은 의외로 간단할지도 모른다. 삶의 기본은 항상 현재에 집중하는 것. 아직 오지 않은 날들을 두려워하거나 과거에 매달려 살아서는 현재를 충실히 살 수 없는 법. 삶은 끝날 때까지 끝난 게 아니다. 그래서 우리는 죽는 순간까지 사는 법을 배워야 한다.

나의 인생, 그리고 삶의 기술
삶의 길목에서 나에게 묻다

첫 번째 질문, 삶의 의미는 무엇인가?

　삶의 의미는 주어지는 것이 아니고 스스로 찾는 것이다. 그것은 곧 '살아야 할 이유'를 발견하는 것이다. 사람은 자신의 삶에 의미를 부여할 수도 있고, 살아가면서 새로운 의미를 발견할 수도 있다. 그러나 일반적인 삶의 의미를 묻는다면 누구도 답해줄 수 없다. 삶의 의미는 사람마다, 또 시기에 따라 각각 다르기 때문이다. 누군가는 부(富)를 과시하며 호화로운 생활을 즐기는 것에 가치를 둘 것이고, 어떤 사람은 가족과 많은 시간을 보내며 맛있는 음식을 먹고, 여행을 다니는 것에 의미를 둘 수도 있다.

　나치의 강제수용소 아우슈비츠에서 살아남은 오스트리아의 정신과 의사인 빅터 프랭클 박사(1905~1997)는 '삶에 어떤 의미가 있다는 것을 깨닫는 것보다 최악의 상황에서 효과적으로 살아남을 수 있는 방법은 없다'고 했다. 그에 의하면 수용소의 생존자들이 다른 사람에 비해 건강이나 체격 조건이 특별히 좋았던 것이 아니라 "살아야 할 이유가 있는 사람은 어떤 상황에서도 견뎌낼 수 있었다"는 것이다. 그는 한 인간에게서 모든 것을 빼앗아 갈 수 있어도 단 한 가지 즉, 주어진 환경 속에서 자기의 태도를 선택하고 자신의 길을 택할 수 있는 마지막 남은 인간의 자유만은 아무도 빼앗을 수 없다는 사실을 깨달았다.

나의 인생, 그리고 삶의 기술
My Life, And The Art of Living

산다는 것은 곧 시련을 감내하는 것이며, 살아남기 위해서는 그 시련 속에서 어떤 의미를 찾아야 한다는 것이다. 만약 삶에 어떤 목적이 있다면 시련과 죽음에도 반드시 목적이 있을 것이다. 하지만 어느 누구도 그 목적이 무엇인지 말해줄 수는 없다.

각자가 스스로 알아서 이것을 찾아야 하며, 그 해답이 요구하는 책임도 받아들여야 한다. 그렇게 해서 만약 그것을 찾아낸다면 그 사람은 어떤 모욕적인 상황에서도 계속 성숙해나갈 수 있을 것이다.

— 빅터 프랭클, 『죽음의 수용소에서』

날마다 감사 편지를 쓰면서 가난과 마약으로 점철된 불우한 시절을 딛고 살아갈 힘을 얻은 세계에서 가장 영향력 있는 흑인 여성이자 방송인 오프라 윈프리, 궁형(생식기 제거 형벌)으로 고통을 겪으면서 '사기'를 완성하겠다는 일념으로 살아남은 사마천, 자신의 성공을 하늘의 세 가지 은혜 즉, 가난하고 허약하며 배우지 못한 불행한 환경 덕분으로 돌리며 하늘이 준 시련에 감사한다고 말한 일본 경영의 신 마스시타 고노스케, 이들 모두는 시련 속에서 자신의 삶의 의미를 발견한 경우라고 하겠다. 또한 미국과 프랑스에 각각 입양되어 서로의 존재를 모르다가 우연히 페이스북을 통해 25년 만에 극적으로 재회한 한국계 쌍둥이 자매는 자신들을 버린 친부모를 원망하지 않는다고 하면서 "입양되지 않았다면 지금 내가 사랑하는 사람들을 몰랐을 것 아닌가? 우리는 피를 나눈 사람만이 가족이 아니란 걸 안다. 내 인생에 받아들이기로 한 모든 사람이 가족이다"라는 의미 있는 말을 남겼다. 자신의 불우한 환경을 탓하거나 원망하지 않고 그 속에서 삶의 의미를 스스로 찾은 것이다. 확실히 긍정의 의미 부여는 삶을 긍정적으로 이끄는 힘이 있다.

시간이 제법 흘렀지만 아직도 기억이 떠오를 때마다 가슴이 먹먹해지는 얘기가 하나 있다. 2015년 의정부 한 아파트에서 일어난 화재로 22세 젊은 여성이 어린 아들을 꼭 안은 채 쓰러져 발견되었다. 어린 아들만 두고 떠날 수 없기 때문이었을까? 2주 동안 사투를 벌였으나 끝내 이기지 못하고 외롭고 힘들었던 이승의 삶을 마감했는데 그 여성은 고아로 자란 미혼모였다. 남겨진 아들 또한 졸지에 고아가 되었다. 이들 모자에게 과연 삶이란 무엇인가? 그야말로 세상에 내던져진 존재와 같은 것인가? 아니면 신이 잘못 쏜 화살에 맞은 것인가? 이들에게 삶은 너무나 가혹했다. 훗날 이 아이는 어디서 의미를 찾을 수 있을까? 부디 바라건대 사회의 도움으로 착하고 성실한 사람으로 성장하여 위의 쌍둥이 자매처럼 주변에 있는 좋은 사람들을 가족처럼 여기며 감사하면서 행복한 삶을 누리게 되기를 간절히 기도한다.

사람은 삶의 대부분을 일터에서 보낸다. 따라서 직업은 단순한 생계유지 목적 이상의 의미와 가치를 지닌다. 그런데 같은 조건에서 동일한 일에 종사하는 경우에도 사람에 따라 일의 의미가 달라진다. 세 명의 벽돌공 이야기가 그 예다. 공사장에서 일하고 있는 세 명의 벽돌공에게 "지금 무엇을 하고 있습니까?"라고 묻자, 첫 번째 벽돌공은 "보다시피 벽돌을 쌓고 있소"라고, 두 번째 벽돌공은 "나는 지금 돈을 벌고 있소."라고 한다. 세 번째 벽돌공의 경우 "나는 지금 세계 최고의 성당을 짓고 있소."라고 대답한다. 소명을 지닌 사람에게 일의 목적은 금전적 보상이나 승진이 아니라 일을 통해 깊은 성취감을 얻는 것이다.

의사가 자신의 일을 직업으로 인식한다면 돈을 버는 수단으로 여기지만, 청소부가 자신의 일을 소명으로 인식한다면 자신의 일이 세상을 깨끗하고 건강한 곳으로 만드는 데 기여한다고 의미를 부여할 수 있는 것이다. 돈을 벌기 위해 어쩔 수 없이 일하는 경우와 의미와 가치를 부여하며 일하는 경우 성과 면에서뿐만 아니라 삶에 대한 만족도, 행복 수준 등에 있어 큰 차이를 보일 수밖에 없다. 크고 거창한 일이 아닌 작고 사소한 일에서도 의미를 찾을 수 있다면 그 사람은 행복한 사람이다. 결론적으로 어떤 일을 하는가보다 그 일에 어떤 가치와 의미를 부여하는가 하는 것이 행복의 중요한 원천이 될 수 있다는 말이다.

사람은 내 뜻보다 다른 사람의 기준과 시선에 맞춰 세상을 살 때, 치열한 경쟁 속에서 삶의 여유와 즐거움을 멀리한 채 앞만 보고 달릴 때 삶의 의미를 잃어버리기 쉽다. 돈은 어느 정도 행복에 기여하지만, 일정 수준을 넘어서면 더 이상 행복을 못 느낀다고 한다. 따라서 삶의 의미를 단지 돈을 버는 데 두었다면 머지않아 그 의미를 상실하게 될 것이다. 돈이든, 감정이든 그 대상이 무엇이든 과도한 집착이나 그것을 잃을까 봐 불안해하는 상황에서는 삶의 의미를 찾기 어렵다. 또 중요한 것은 삶의 의미를 찾는 데 너무 집착해서도 안 된다는 것이다. 삶의 의미도 중요하지만 그보다는 삶이 먼저이기 때문이다. 유한한 삶을 사는 인간에게 죽음 앞에서는 삶 자체가 의미다. 삶에 집중하며 살다보면 자연스럽게 의미를 발견하는 때가 올 것이다. 사는 게 재미있으면 아무도 '나는 왜 사는가?'와 같은 의문을 갖지 않는다. 인생의 의미를 묻게 되는 것은 삶이 더 이상 즐겁지 않고 무거운 짐처럼 여겨질 때이다. 따라서 삶을 즐기면서 재미있게 살 때 비로소 그러한 의문이 해소될 수 있다.

행복이 무엇인지 계속 묻는다면 결코 행복할 수 없다.
인생의 의미를 계속 찾아 헤맨다면 결코 인생을 살 수 없다.

-알베르 카뮈

두 번째 질문, 인생에서 가장 중요한 것은 무엇인가?

나는 무엇을 위해 살고 있는가? 인생에서 가장 소중한 것은 무엇인가?

나의 인생, 그리고 삶의 기술
My Life, And The Art of Living

오늘이 내 인생의 마지막 날이라면 무엇을 할 것인가? 이 문제는 삶의 길목에서 스스로에게 물어봐야 하는 꼭 필요한 화두(話頭)라고 할 수 있다. 아마도 인류의 역사와 궤를 같이하는 질문이며, 앞으로도 인류가 존속하는 한 계속될 질문일 것이다. 사람마다 중요하게 여기는 삶의 가치는 같을 수 없다. 나의 경우 가족을 최우선으로 두고 그 다음은 직업에서의 성공, 물질적 행복이나 여유, 건강 등의 순으로 가치를 두고 살아왔다고 말할 수 있다. 그런데 각종 선거에 나서는 후보들이 상호간 온갖 비방과 험담, 루머가 난무하는 가운데 '내 가족만은 건드리지 말아 달라'고 간절하게 호소하는 것을 보면 누구에게나 가족의 가치가 매우 중요한 것임에는 틀림없는 것 같다.

2021년 11월 어느 여론 조사기관에서 전 세계 17개 선진국을 대상으로 조사한 결과를 공개했는데, 삶에서 가장 가치 있게 생각하는 것으로 한국인은 물질적 행복, 건강, 가족 등의 순이었다. 한편 17개국 중 절대 다수의 나라에서는 가족을 최우선으로 꼽았다고 한다. 스페인의 한 여성은 "제대로 된 집과 직장을 갖추고 맥주 한 잔 하러 나갈 수 있는 권리를 모두가 누릴 수 있어야 하며 물질적 행복은 곧 존엄한 삶을 사는 것"이라고 말했다는 것이 꽤 인상적이다. 세간에 떠도는 말에 남자가 나이 오십이 넘어서 죽을 때까지 행복하게 잘 살기 위해서는 다섯 가지가 필요하다고 한다. 중요한 순서대로 나열하면 일건(一健), 이처(二妻), 삼재(三財), 사사(四事), 오우(五

友)다. 나이 먹으면서 중요한 것이 첫째 건강, 다음으로 아내, 재산, 일, 친구의 순이라는 것인데 현실적으로 매우 공감이 가는 말이기도 하다.

톨스토이는 인생에서 가장 중요한 3가지를 들고 있는데 첫째, 당신에게 가장 중요한 때는 '지금 현재'이다. 둘째, 당신에게 가장 중요한 일은 '지금 당신이 하고 있는 일'이다. 셋째 당신에게 가장 중요한 사람은 '지금 당신이 만나고 있는 사람'이다. 그런데 문제는 평소에 이들 세 가지의 중요성을 잊고 살거나 그저 당연한 것으로 여기며 사는 데 있다. 과거와 미래에 매몰되어 지금의 삶에 집중하지 못하고 오늘의 소중함을 망각하는 것, 자신의 일에서 행복을 발견하기보다는 다른 곳을 찾아 헤매는 것, 소중한 사람에게는 편하다고 생각하여 막 대하는 것, 바로 이러한 것이 우리가 인생에서 놓치고 사는 중요한 것들이다.

그런데 삶의 가치를 지키는 것 못지않게 중요한 것이 하나 더 있다. 바로 전도몽상(顚倒夢想)에서 벗어나는 일이다. 전도몽상이란 주객이 전도되어 앞뒤가 뒤바뀐 가운데 헛된 꿈을 꾸면서도 그것이 꿈인 줄 모르고 살아가는 것을 뜻한다. 사는 데 어느 정도 돈은 필요한 것이지만 너무 집착하면 돈의 노예가 되기 일쑤고, 대궐 같은 집에 고가의 귀중품을 쌓아놓으면 사람이 집을 지키는 개처럼 되듯이 삶의 수단과 목적이 뒤바뀌는 현상을 말한다. 집이 지친 몸을 누이고 가족이 함께 오순도순 행복을 일

나의 인생, 그리고 삶의 기술
My Life, And The Art of Living

귀가는 곳이 아니라, 뻥튀기하듯이 재테크 내지는 투기의 수단으로 목적이 전도된 지 이미 오래전이다. 미래를 위해 오늘의 행복을 마냥 뒤로 미루거나 열심히 일해 많은 재산을 모았지만 정작 본인은 써보지도 못하고, 죽고 나서는 자식들 간의 재산 싸움으로 집안이 붕괴되는 등 전도몽상으로 인하여 사람들은 고통의 바다(苦海)에서 헤어나기가 쉽지 않다. 삶에서 소중한 가치를 지키는 것만큼이나 전도몽상에서 벗어나는 지혜 또한 매우 중요하다. 인생은 진짜 중요한 것을 놓치고 사는 우리에게 묻고 있다. '뭣이 중헌디?'

세 번째 질문, 인생에는 정답이 없다?

어떻게 사는 것이 최선일까? 인생은 수많은 선택 과정의 연속이라고 할 수 있다. 프랑스의 실존주의 철학자 사르트르는 "인생은 태어날 때부터 죽을 때까지 선택의 연속이다"란 뜻으로 "인생은 B(Birth, 태어남)와 D(Death, 죽음) 사이에 있는 C(Choice, 선택)이다. Life is C between B and D."라고 했다. 우리는 삶의 고비마다 선택을 하게 되고 그 선택에 따라 삶의 내용이 달라진다. 하지만 선택은 늘 어렵다. 우리가 하는 선택이 항상 좋은 결과를 가져올 수는 없으며, 결과가 좋지 않다고 해서 반드시 나쁜 선택이라고 할 수도 없다. 모든 선택은 정답이 될 수도 오답이 될 수도 있는 것이다. 불확실투성이로 가득한 인생에서 가장 안전하고 확실한 길을 선택하고 싶은 유혹에 빠지는 것이 일반적이다. 또한 사람들은 자신의 선택을 합리화시키려는 경향이 매우 강하다. 갈림길에서 가보지 않은 길을 선택하는 대신 가장 안전한 길을 선택하고 나서 남은 인생 동안 그 길을 택한 걸 후회하며 살아갈 수도 있다. 그렇지만 인생의 장(場)에는 정답이 없으며 인생에 대한 사용설명서도 구할 수 없다. 누구에게나 연습 없이 처음 가보는 길이다. 그래서 스스로 답을 찾지 못한 인간은 고민하고 방황하게 되는 것이다.

> 갈까 말까 할 때는 가라/ 살까말까 할 때는 사지마라
> 말할까 말까 할 때는 말하지 마라/ 줄까 말까 할 때는 줘라
> 먹을까 말까 할 때는 먹지 마라
>
> —다섯 줄짜리 인생교훈

이솝우화에 개미와 베짱이 이야기가 있다. 겨울을 대비해 부지런히 일하는 개미와 노래를 부르며 게으르게 지내는 베짱이를 소재로 한 이야기로, 겨울이 오자 베짱이는 굶주림에 시달리다 개미에게 음식을 구걸하고 개미는 베짱이의 게으름을 비난한다는 줄거리다. 우리는 어린 시절 열심히 사는 게 미덕이라 배웠고, 당연히 개미의 삶이 정답인 것으로 학습

되었다. 하지만 다른 각도에서 보면 여왕개미 밑에서 평생 노예처럼 일만하다 생을 마감하는 일개미와 자신이 좋아하는 것을 즐기며 행복을 추구하는 베짱이의 삶 중 과연 어느 것이 좋을까? 베짱이의 삶도 누군가에게는 답이 될 수 있다. 어린 시절에 형성된 단 하나의 정답은 어른이 되어 삶의 가치를 어디 두는가에 따라 다양한 여러 개의 답으로 바뀔 수 있는 것이다. 정해진 길을 따라 공부 잘해서 명문대를 가고 좋은 직장에 들어가거나 전문직이 되는 것, 그것만이 의미 있는 삶인가? 우리는 정답이 없는 세상에서 마치 정답이 있는 것처럼 살도록 강요받았다. 아마도 그래서 다양한 인생의 길을 모색하는 능력을 상실했는지도 모른다.

　한평생을 살아낸다는 것은 삶 자체가 한 편의 드라마이며, 자신이 쓰고 그려가는 예술 작품이라 말할 수 있다. 오늘도 수십억의 인류는 각자 저마다의 이야기를 써내려가고 있으며 똑 같은 인생은 하나도 없다. 모든 삶은 나름의 가치와 의미를 지닌다. 그럼에도 현실 세계에서는 자신이 원하는 삶에 집중하기보다는 늘 남들과 비교하고 보여주기 위한 그럴듯한 삶을 살기 위해 애를 쓴다. 돈, 권력, 출세만이 인생의 정답인 것처럼 그것에 매달린다. 그 결과 너 나 할 것 없이 별반 다르지 않은 그렇고 그런 인생을 살게 되는 것이 아닐까? 한 번뿐인 인생, 남이 아닌 '나'의 삶을 살며, 완벽하지 못해도 세상의 기준에는 미치지 못하더라도 스스로 만족하면서 훗날 되돌아볼 때 후회스럽지 않은 삶을 살면 되지 않을까?

나의 인생, 그리고 삶의 기술
삶의 길목에서 나에게 묻다

네 번째 질문, 세상은 왜 정의롭지 못한가?

    1988년 10월의 어느 휴일 아침, 서울에서 탈주범들이 인질극을 벌이는 장면이 TV로 생중계되는 일이 발생했다. 그리고 탈주범이 외치는 절규가 방송을 타고 흘러나왔는데 "유전무죄, 무전유죄"라는 말이었다. 그들은 결국 비극적인 결말을 맞았지만 우리 사회를 향한 외침은 아직도 귀에 생생하다. 후일담으로 그들은 여러 집을 전전하며 도망 다니던 중 아침밥을 먹고 떠나면서 '잘 먹었습니다. 신세 많이 졌습니다.' '우리가 떠나면 신고하세요. 고맙습니다.'라는 인사를 잊지 않았다고 한다. "유전무죄, 무전유죄"를 외치던 주범은 560만 원을 훔치고 17년형을 선고받았다고 하는데 당시 대통령의 동생은 73억 원을 횡령, 7년형을 선고 받고 2년 만에 특사로 출소하게 된다. 이것이 이들로 하여금 탈출을 결심하게 한 동기다. 여기서 빅토르 위고의 소설 '레미제라블'의 주인공 장발장이 오버랩되는데 그는 배고픈 조카들을 위해 빵 한 조각을 훔친 죄로 5년간의 징역을 살다가 4번의 탈옥을 시도, 결국 총 19년간의 감옥살이를 하게 된다. 예나 지금이나 작은 도둑들은 법에 의해 엄격하게 단죄되지만, 큰 도둑들은 잘 걸리지도 않으며 걸리더라도 호화 변호인단을 꾸려가며 빠져나오는 것이 우리가 보고 있는 변하지 않는 현실이다.

    사람들은 공정하고 정의로운 세상을 원한다. 반칙과 특권이 없는 세상, 금, 흙수저로 구분되지 않는 세상, 부모 찬스가 없어도 잘 살 수 있는 세상을 바란다. 어떤 지도자는 기회는 평등하고, 과정은 공정하고, 결과는 정의로울 것이라고 국민 앞에서 아주 멋진 말을 했지만 그 결과는 국민들 가슴에 또 하나의 실망만을 안겨주었다. 역사를 통해 보듯이 정의로운 사회란 현실에서는 존재할 수 없는 유토피아일지도 모른다. 아직도 정부 고위직에 대한 인사 청문회를 보면 부동산 투기, 위장 전입, 논문 표절 등이 여전히 존재한다. 법에 위반하지 않는다고 해서 괜찮은 것은 아니다. 요즘 세간에 유행하는 '내로남불', 즉 '내가 하면 로맨스요 남이 하면 불륜'이란 말이 있다. 동일한 상황을 이중 잣대로 바라보는 시선을 비웃는 말이다. 비슷한 의미로 아시타비(我是他非) 즉, 나는 옳고 다른 이는 그르다는 말도 있다. 남에 대해서는 엄격하지만 자신에 대해서는 관대한 것, 이것을 정의에 대입해보더라도 같은 의미가 될 것이다. 우리는 세상이 정의롭지 못하다고 푸념하면서도 그 탓을 남에게만 돌리고 있지는 않은가? 혹시 가벼운 반칙 정도는 못 본 척 눈감아줘도 된다고 생각하고 있지는 않나? 공정과 상식이 통하는 사회에서 살고 싶지만 그 길은 그냥 편하게 오는 것이 아니다.

    세상은 정의에 앞서 이해관계에 따라 움직인다. 인간은 창세기에도 나오듯이 유혹에 약한 존재다. 재산, 권력에 대한 유혹의 힘은 정의에 비해 훨씬 크다. 인간은 수백만 년의 진화를 거치면서 오늘의 모습에 도달했지만 기본적으로 욕망과 이익을 추구하는 동물적 본능을 갖고 있다. 가진 자들은 더 갖기 위해, 없이 사는 자들은 가난의 대물림을 벗어나기 위해 욕구를 더 키워가며 무한 경쟁(無限競爭)에서 이기기 위해 때로는 정의에 벗어나는 행동도 서슴없이 행하는 것이 인간의 본성이다. 재산가의 유산을 둘러싸고 벌어지는 가족 간의 충돌을 보고 있노라면 거친 짐승의 본능이 느껴진다.

  세상 돌아가는 것을 보면 이해 안 되는 것 중의 하나는, 나쁜 자들이 착한 사람들보다 희희낙락대며 더 잘사는 것 같다는 것이고 이는 많은 사람들의 공통된 인식이다. 고대 스토아 철학자인 에픽테토스는 이에 관하여 "그런 인식은 착각이다. 행운의 속임수에 빠지면 우리는 돈, 권력, 명예 같은 게 행복이라는 허상에 빠진다. 목적을 달성한 행운은 전혀 예상하지 못했을 때 참기 힘든 슬픔과 고통을 남기고 떠나버린다. 그게 운명의 본질이다. 운명의 수레바퀴는 돈다."고 말했다. 그런데 나쁜 짓을 한 자들은 반성하기보다 한술 더 떠 스스로를 변호한다. "나는 저들에 비하면 아무것도 아냐", "내가 걸린 건 운이 나빴을 뿐이야" 같은 식으로 말이다. 반면에 역사적으로도 정의를 추구했던 사람들은 곤경에 처해 불행한 결말을 맞이한 경우가 대부분이다. 현실 세계에서는 영화 속과 달리 강한 것이 이기며, 정의도 약하면 지는 법이다. 차라리 세상에 대한 기대를 접고 인간은 원래 완전하지도 않고 결점투성이라고 생각하는 것이 마음 편할 수 있다. "도대체 세상이 왜 이래?" 하고 세상을 비관하기보다는 세상의 본질과 인간에 대한 이해를 바탕으로 평범하고 선량한 소시민으로서 작은 정의라도 실천하면서 자신의 삶의 가치를 묵묵히 추구하는 것이 올바른 태도가 아닐까?

선한 일 많이 하면 보답이 있다는데 / 백이, 숙제는 수양산에서 살았네.
선과 악이 진실로 보답 받지 못한다면 / 무슨 일로 부질없이 빈 말을 내세웠나.
영계기는 90에도 새끼 띠 하였는데 / 하물며 젊은 시절의 굶주림과 추위쯤이야.
고궁(固窮)의 절개 아니고서야 / 먼 후세에 어찌 이름 전하겠는가?

- 도연명

마지막 질문, 죽음이란 무엇인가?

사람이 만약 죽지 않고 영원히 산다면 어떤 일들이 벌어질까? 아니면 한 2백 년이나 3백 년쯤은 살아낼 수 있을까? 상상하기 어려운 문제다. 이 대목에서 자연의 섭리라는 말이 떠오른다. 인간은 모든 우주 만물에 적용되는 자연의 섭리를 거스를 수 없고 자연의 법칙에 순응하여 때가 되면 우주의 한 조각으로 돌아가는 것이 정해진 숙명이다. 그리고 그 숙명을 받아들이는 것은 우리의 몫이다.

사람은 누구나 언젠가 반드시 죽는다. 인과율에 따라, 이 세상에 왔기 때문에 언젠가는 떠나도록 예정되어 있는 것이다. 그래서 산다는 것은 곧 죽어가는 것이고 죽음은 기정사실이며 자연스럽게 받아들여야 하는 문제다. 사람의 일생은 죽음으로써 비로소 하나의 삶이 완성되고 마침표를 찍게 된다. 살아가는 동안 죽음은 우리 주변에서 계속 벌어지지만 사람들은 피할 수 없는 죽음의 의미를 성찰하는 대신 오히려 애써 외면하면서 마치 자신에게는 죽음이 일어나지 않을 것처럼 삶을 이어간다. 사람들은 인생에서 마주하는 온갖 난제들을 어떻게든 해결하면서 살아내지만 죽음만은 어찌할 방법이 없다는 것을 잘 안다. 그래서 죽음을 두려워하고 죽음으로부터의 구원과 영혼불멸의 영생을 약속하는 종교에 손을 내밀고 해결책을 구하기도 한다.

"다들 죽을 거라는 것을 알아요. 하지만 죽지 않을 것 같이 살거든요. 죽음이 지식으로만 있는 겁니다. 왜 우리는 죽음에 대해서 생각해야 할까요? 이번 생이 오로지 우리가 가질 수 있는 귀한 기회라는 결론을 끌어낼 수 있기 때문입니다."

- 셸리 케이건, 예일대

산 자에게 죽음은 당연한 것이고 자연스러운 결말이지만, 삶에 대한 애착이 강할수록 죽음은 받아들이기 쉽지 않다. 속세와의 인연에서 벗어나고자 하는 불교의 기본 원리도 여기에 그 뿌리가 있다. 불교에 따르면 잘 죽기 위해서는 모든 것을 내려놓고 욕망과 집착을 최소화해야 한다. 죽기 전에 재산, 가족, 친구에 대한 애착으로부터 벗어나야 하는 이유다. 한편 기독교는 믿음 속에서 영생을 약속한다. 인간에게 있어 죽음을 두려워하지 않고 편안한 마음으로 맞이할 수 있게 하는 것은 아주 중요한 문제다. 힘든 인생 여정을 무사히 마치고 우주의 한 조각으로 돌아가게 됨을 감사하는 마음으로 받아들일 수 있도록 말이다.

죽음을 피할 수는 없지만, 죽음을 어떻게 받아들인 것인가는 우리의 생각에 달려 있다. 그러기 위해서 죽음에 대한 숙고와 성찰이 필요하다. 죽음의 의미를 성찰한다는 것은 죽음 그 자체만이 아니라, 살아 있는 동안 어떻게 살 것인가에 관한 문제이기도 하다. 잘 살아야지만 잘 죽을 수 있을 것 같다. 죽음 이후에는 어떻게 되는 것인지, 저 너머에 무엇이 있는지, 죽음이 삶의 끝인지 새로운 시작인지 아무리 알고자 해도 알 수 없고 그 누구도 확인해줄 수 없다. 그런 의미에서 알 수 없는 문제에 매달려 삶을 소비하는 것보다는 죽음을 의식하지 않고 현실의 삶에 집중하는 것만이 최선일지도 모른다.

"죽음에 대해 자주 말하지 마라. 죽음보다 확실한 것은 없다.
인류의 역사상 어떤 예외도 없었다. 확실히 오는 것을 일부러 맞으러 갈 필요는 없다.
그때까지는 삶을 탐닉하라. 우리는 살기 위해 여기에 왔노라"

— 셰익스피어

3
삶의 기술

삶의 기술에 관한 자료들을 나름대로 정리하면서 그 내용들을 들여다 보니 참으로 아름답다는 생각까지 든다. 인류가 수천 년에 걸쳐 쌓아올린 삶에 대한 깊은 성찰, 그리고 더 나은 삶을 위한 부단한 노력과 경험으로부터 얻어낸 정신적 유산이기 때문이다. 사람들은 대부분 사는 방법에 대한 진지한 숙고 없이 세상의 흐름에 편승하여 사회에서 형성된 기준과 관습에 따라 삶을 영위한다. 하지만 세상을 살아가는 데 있어 세상의 이치와 삶, 인간의 본질을 통찰한 사람들에게 배우고 그들의 말에 귀 기울이는 것보다 더 나은 방법이 있을까? 목마른 사람에게 물이 있는 곳을 손가락으로 가리켜 줄 수는 있지만 물을 먹고 안 먹는 것은 각자의 몫이다. 세상에는 인생의 소중한 가치를 모른 채 부와 명예, 성공만을 좇으며 현실적인 삶에 매몰되어 살다가 어떤 계기가 되어서야 그렇게 산 것을 후회하는 사람들이 많이 있다. 유한한 삶의 시간 속에서 무엇을 위하여, 어떻게 살 것인가? 그리고 행복, 고난, 욕망, 걱정, 노년, 죽음 등 수

나의 인생, 그리고 삶의 기술
My Life, And The Art of Living

많은 인생의 난제들을 어떻게 풀어나갈 것인가? 이러한 것들을 다루는 것이 삶의 기술이다. 이에 관한 남다른 관심과 실천은 삶을 보다 더 행복하고 만족스러운 방향으로 이끌어 줄 것이라고 확신한다.

나의 인생, 그리고 삶의 기술
삶의 기술

1) 행복한 삶을 위하여

행복은 선택이다

보통 누군가에게 인사말이나 덕담을 건넬 때 "건강하고 행복하세요."라는 말을 많이 쓰는데 요즘은 줄여서 "건행하세요." 라는 말이 새로운 유행어가 되었다. 여기서 대부분의 사람들은 삶에서 건강과 행복을 최우선 순위에 두고 있음을 짐작할 수 있다. 예전에 한때는 "부자 되세요."라는 인사가 유행했던 적도 있었다. 1997년 IMF 사태를 겪으면서 구조조정, 실직 등으로 경제적 불안감이 커진 국민들에게 부자 되기 열풍이 번졌던 때문이다. 그리하여 부자가 되는 것이 국민 대다수의 삶의 목표가 되었고, 행복을 위해서는 물질적 풍요가 최선인 것처럼 여기는 풍조가 널리 퍼졌다. 그러나 어느 정도의 돈은 행복한 삶을 위해 필요하지만 돈이 곧 행복을 의미하는 것은 아니다. 2022 세계행복지수에 따르면 한국인의 행복 수준은 세계 146개국 중 59위를 차지했다. 1인당 국민소득은 35,000달러 정도로 세계 29위에 해당한다. 소득 수준에 비해 삶의 행복도는 여전히 낮은 편이다.

사람들은 '이것만 있으면 또는 저것만 이루어지면 행복할 텐데' 라고 하며 대부분 돈과 세속적인 성공을 좇는다. 돈과 성공만 있으면 행복해질 것이라고 믿기 때문이다. 하지만 부자가 되거나 성공하는 것은 달성하기에 쉽지 않은 목표일 뿐 아니라 막상 원하는 목표에 도달하더라도 행복한 감정은 오래 지속되지 않으며, 그 상태를 계속 유지하고자 하는 집착으로 인한 조바심, 불안, 두려움 등으로 곧 행복하지 못한 상태가 된다. 그리고 어느 정도 시간이 지나면 '차라리 고생하던 옛날이 그립다'며 푸념하게 될 수도 있다. 돈이 많아지고 성공하게 되면 그만큼 이것저것 걱정거리가 늘어나는 게 인생사다. 그래서 옛말에도 천석꾼은 천 가지 걱정, 만석꾼은 만 가지 걱정이 있다고 했던 것이다. 결론적으로 돈과 성공 등의 외적 조건은 행복의 필요조건이 아니다.

　우리 스스로가 별로 행복하지 않다는 것을 알았기 때문일까? 언제부터인가 행복은 우리 사회를 관통하는 핵심 키워드(Key word)가 되었다. 너도 나도 인생 목표로 행복을 추구하는 신드롬 현상이 나타나고, 소확행(小確幸) 소소하지만 확실하게 실현 가능한 행복을 추구하는 경향도 확산되고 있다. 어떻게 하면 행복해질 수 있을까? 행복은 주관적인 마음의 상태이지 어떤 객관적 기준이 따로 있는 것은 아니다. 삶의 외적 조건은 앞에서 본바와 같이 행복의 필요조건이 아니며, 아무리 좋은 조건이라도 그것은 머지않아 당연한 것이 되므로 더 이상 행복의 원천이 되기 어렵다.

다만, 행복을 원한다면 행복을 좇는 것이 아니라 삶을 대하는 태도를 선택함으로써 행복해질 수 있다. 즉 돈, 사회적 지위, 명예 등 외적 조건을 떠나 자신에게 주어진 상황에서 어떻게 살 것인가를 선택하는 문제이다. 여기서 선택의 대상은 행복하게 살 것인가, 아니면 불행하게 살 것인가 두 가지밖에 없다. 안 좋은 일을 당해 걱정이나 탄식에 골몰해도 어차피 상황은 바뀌지 않는다면, 우리는 그 상황을 어떻게 받아들일지 그리고 앞으로 어떻게 살 것인가를 선택해야 할 것이다. 똑같은 일을 당했을 때 어떤 태도를 택하는가에 따라 행복해질 수도, 그렇지 않을 수도 있다. 이왕이면 긍정적인 희망으로 상황에 대처할 때 고통과 불행 속에서도 행복을 발견할 수 있을 것이다.

"89년을 살면서 내가 배운 건 행복은 조건이 아닌 선택이라는 거야."
어떤 일이 벌어졌기 때문에 행복하게 되거나 우울하게 되는 것이 아니다.
오히려 그 일을 어떻게 생각할지 선택하는 연습을 할 수 있다고 노인들은 말한다.

-칼 필레머, 『내가 알고 있는 걸 당신도 알게 된다면』 중에서

인간은 의미와 가치를 추구할 때 행복해진다고 한다. 돈, 세속적 성공 등 목표를 이루더라도 의미가 없으면 행복을 느낄 수 없으며, 반면에 의미가 있다면 조건에 상관없이 행복해질 수 있는 것이다. 또한 행복하게 살기 위해서는 큰 거 한 방보다는 작은 행복들을 발견하고 즐기는 것, 목

표를 소박하게 설정하고 기대치를 낮추는 것, 만족할 줄 알고 멈출 줄 아는 것, 조금 부족하고 모자란듯해도 괜찮다는 생각 등이 좋은 방법이다. 그리고 사소한 것에 감사하며, 행복을 방해하는 부정적인 생각과 감정을 긍정적인 쪽으로 전환할 수 있다면 행복은 훨씬 가까워질 것이다. 사람들이 행복하지 못한 것은 그칠 줄 모르는 욕망의 노예가 되어 끊임없이 다른 사람과 비교를 하고, 미래를 위하여 현재의 행복을 희생하기 때문이다. 이와 같이 행복은 행복해질 만한 일이 따로 있을 때만 느끼는 것이 아니라, 일상적인 삶의 방식에 있어 개인의 선택에 달린 문제라고 할 수 있다.

홍콩의 유명 배우 주윤발은 2018년 자신의 전 재산 8,100억 원을 사회에 기부할 것을 발표하면서 "돈은 내 것이 아니다. 잠시 내가 보관하고 있는 것일 뿐" "돈은 행복의 원천이 아니다. 내 꿈은 행복하고 정상적인 사람이 되는 것" "살면서 가장 어려운 일은 돈을 얼마나 버느냐가 아니라 마음을 평온하게 지키면서 심플하게 아무 걱정 없이 여생을 지내는 것"이라 말했다. 그러면서 "평소 버스나 지하철을 타고 다니면서 거리를 거닐며 사진을 찍고 맛있는 음식을 즐기는 게 인생살이"라고 했다. 그리고 행복의 조건을 묻자 "소박한 생활"이라고 하면서 "매일 세끼 밥을 먹고 잘 수 있는 작은 침대 하나면 된다. 필요한 건 그게 전부 아니겠느냐"고 답했다.

결론적으로 행복은 멀리 있는 것이 아니라 가까운 곳에 있으며, 내게 없는 것을 찾는 것이 아니라 내게 이미 있는 것을 발견하는 것이다. 또한 행복은 어떠한 삶을 선택하는가에 달려 있다. 한편 사람은 누구나 행복하게 살고 싶어 하지만 행복 찾기에 지나치게 집착하는 것은 오히려 행복으로부터 멀어지는 길이다. 사람이 늘 행복할 수는 없다. 만약 항상 행복하다면 행복의 소중함을 못 느낄 뿐만 아니라 무리한 도전을 하지 않을 것이고 따라서 발전도 없을 것이다. 행복한 상태는 바람직한 것이고 자신의 삶의 방향, 태도를 행복해지는 길로 향하도록 노력해야 되겠지만 그렇다고 해서 행복하지 않으면 안 될 것처럼 조바심을 내고 불안해할 필요는 없다.

> 행복을 체험하는 동안에 그것을 의식하기란 쉽지 않다.
> 오직 행복한 순간이 지나가고 그것을 되돌아볼 때만 우리는
> 갑자기 그 순간이 얼마나 행복했던가를 깨닫는다.
>
> — 카잔차키스, 『그리스인 조르바』 중에서

걱정하지 않고 사는 법

生年不滿百 常懷千歲憂(사람은 백 년도 못 살면서, 늘 천 년의 걱정을 품고 있네)

- 중국 五言古詩

사람의 일생에서 걱정, 근심 없이 사는 날이 얼마나 될까? 아마 하루도 힘들지 않을까? 한 가지 걱정이 사라지면 기다렸다는 듯이 새로운 걱정거리가 나타난다. 그런 면에서 보면 걱정도 일종의 습관이다. 걱정은 단순한 생각에 그치는 것이 아니라 때로는 사람을 아주 힘들게 하기에 문제가 된다. 걱정은 꼬리에 꼬리를 물고 더 많은 걱정을 야기하며 두려움과 불안의 악순환을 일으킨다. 또한 걱정은 행복을 방해한다. 걱정거리가 사라져서 아무런 걱정, 근심 없이 살 수만 있다면 얼마나 좋을까? 아마도 인간은 막상 그런 상황이 오면 사는 데 아무런 재미가 없다고 불평을 할지도 모른다.

걱정은 걱정일 뿐이다. 대부분의 걱정은 상상에 의한 것이며 현실적으로 일어나지 않는 괜한 것들이다. 따라서 걱정을 심각하게 받아들일 필요는 없다. 문제는 걱정하는 마음과 씨름하는 것인데 걱정을 불편하게 느끼면서 무조건 빨리 벗어나려고 하는 것은 좋은 방법이 아니다. 걱정스런 생각은 자신의 의지와 무관하게 뇌가 만들어내는 작용으로 걱정을 마음에서 완전히 몰아내는 것은 불가능하다. 재미있는 것은 걱정이란 놈에게 그래! 같이 살자고 손을 내밀면 잠시 살아주는 척하다가 어느새 달아나버리고 없다. 걱정이란 그런 것이니 걱정의 실체를 이해하고 별 반응을 하지 않는다면 더 이상 문제가 되지 않는다.

세상에서 노력하면 할수록 역효과가 나는 것이 두 가지 있는데 그것은 수면과 생각이다. 잠을 자려고 노력하면 할수록 잠이 더 안 온다. 또한 생각을 지우려고, 안 하려고 하면 할수록 생각에서 빠져나올 수 없다. 떠오르는 생각을 억지로 눌러서 통제하려고 하면 상황은 더 나빠진다. 생각은 들고 나는 대로 그냥 내버려두면 구름처럼 잠시 일어났다가 곧 사라진다. 이것이 바로 생각의 실체이다. '들판의 잡초를 없애는 가장 좋은 방법은 뿌리째 뽑거나 불로 태우는 것보다 그 자리에 곡식을 심는 것이다. 마찬가지로 마음속에 자라는 잡초는 선한 마음으로 어떤 일을 실천할 때 뽑아낼 수 있다.' -〈좋은 생각〉중에서- 이 말의 의미는 걱정하는 마음에서 벗어나 바깥세상으로 돌아와 의미 있는 활동을 하는 것이 걱정스런 생각에 대처하는 좋은 방법이라는 것이다.

칼 필레머 교수가 2004년부터 진행한 '인류 유산 프로젝트'에서 65세 이상, 총 1,500명 이상 노인을 대상으로 삶에 대한 그들의 조언과 지혜를 수집하기 위해 인터뷰한 내용 중 "당신의 삶을 되돌아봤을 때 가장 후회

나의 인생, 그리고 삶의 기술
My Life, And The Art of Living

하는 점은 무엇입니까?"라는 질문에 가장 많은 답변은, 불륜이나 알코올 중독, 사업 실패 등이 아니라, "너무 걱정하며 살걸 그랬다"였다.

  일어나지 않을 수도 있는 상황, 일어난다고 해도 우리가 어떻게 해 볼 수 없는 상황에 대해 고민한다는 건 귀중한 자원을 낭비하는 일이라는 것. 응답자들은 '시간'을 가장 소중한 자원이라고 생각했다. 또한 우리는 실질적인 고민 대상이 없음에도 걱정한다는 것이다.

  걱정하는 습관은 건강에도 좋지 않은 영향을 주는 것으로 알려져 있다. 또한 소심하거나 걱정이 많은 사람이 치매에 더 잘 걸린다는 연구결과도 나왔다. (2020.6 미국 아인슈타인 의과대) 안 그래도 걱정이 많은 소심한 사람들에게 이러한 소식이 또 하나의 걱정거리를 얹어주는 것이 아닌지 염려된다. 평소 걱정이 많고, 스트레스를 잘 받는 사람이라면 치매를 피하기 위해서라도 부정적인 마음을 다스리는 노력을 기울이는 게 좋겠다. 사실 걱정은 우리들 자신을 위험으로부터 보호해주기 위한 것이며 걱정한다는 것은 정상적이다. 다만 걱정이 많다는 것은 자기 자신에 대한 관심이나 집착이 과도하다고 볼 수 있는데 뭐든 지나치면 문제가 된다. 따라서 자신에 대한 지나친 관심을 타인에게 돌리는 것도 효과적인 대응 방법이다. 걱정이 많은 사람들의 특징은 자신에게 비판적이어서 스스로를 더욱 힘들게 하는 경향이 있는 반면에 다른 사람들에게는 관대하다. 즉, 남한테는 잘하면서 자기 자신이나 가족에게는 지나치게 엄격하고 완벽주의에 가까운 사람들일수록 걱정이 많다는 것이다. 이런 사람들은 자신에게 더 너그러워져야 할 필요가 있다.

　세상에 근심 걱정 없는 사람 없듯이 걱정거리는 언제 어느 곳에나 있는 것이고, 다만 걱정의 실체를 이해한다면 걱정으로부터 조금 더 자유로워지고 편안하게 살아갈 수 있을 것이다. 누군가는 마음속 고민을 글로 옮겨 적었을 뿐인데 불안의 실체가 사라진 경험을 얘기한다. 그는 글을 쓰면서 오랫동안 시달려 온 두려움의 실체가 허상이었음을 깨달았다. 사실 걱정의 96퍼센트가 지나가버린 일, 절대 일어나지 않을 일, 우리가 어찌할 수 없는 일에 대한 고민이라고 한다. 임상 심리학자인 데이비드 카보넬은 그의 저서 『나는 왜 걱정이 많을까』에서 생각과 다투지 말고 그저 관찰하면서 좀 쉬었다가 "아, 그래, 내가 또다시 그러는구나." 하고 알아차리는 것이 중요하다고 말한다. 걱정에 본능적으로 저항하는 대신에 '지금 걱정하고 있구나' 하는 상황을 받아들이면서 그만 자신을 잊고(自忘), 관심을 바깥세상으로 향하다 보면 자연스레 걱정하는 마음은 어느샌가 소멸하고 말 것이다.

해결될 수 있는 것은 어떻게든 해결되고, 해결될 수 없는 것은 걱정해도 소용없다.
　　　　　　　　　　　　　　　　　　　　　　　－ 달라이 라마

나의 인생, 그리고 삶의 기술
My Life, And The Art of Living

'날마다 좋은 날'로 사는 법

강물이 흘러가듯이 매일매일의 삶이 모여 우리의 인생을 이룬다. 그러니 하루하루를 최선을 다해 산다면 결국 보람 있고 훌륭한 인생이 되는 것이다. 오늘이 어제 같고 내일도 오늘 같은 그저 그런 날이 아닌 매일 새로운 날로 거듭날 수 있다면 날마다 좋은 날이라고 할 수 있을 것이다. '날마다 좋은 날(日日是好日)'이란 말은 원래 불가(佛家)에서 전해져 오는 것으로 희로애락에 대한 집착을 내려놓음으로써 근심과 걱정으로부터 벗어나는 깨달음의 나날, 즉 부처님의 일상이 날마다 좋은 날이라는 뜻이다. 그러면 부처가 아닌 우리 일반 대중들의 삶속에서 날마다 좋은 날이란 어떤 것일까?

사람은 백 년도 살기 어렵지만, 백 년을 산다고 가정을 해보면 날수로는 36,500일, 80년을 산다면 확 줄어들어서 29,200일을 사는 것이다. 그나마 건강하게 사는 날은 거기서 또 크게 줄어들 것이다. 정신이 번쩍 든다. 나날의 일상이 쌓여 우리들 인생의 모습을 형성하는 것이니 '오늘 하루를 어떻게 살 것인가' 하는 문제는 매우 중요하다. 오늘은 과거에 어떠한 삶을 살았는가에 달려 있듯이, 오늘의 삶이 앞으로의 미래를 결정한다. 하지만 대부분 미래에 대한 고민과 걱정이 앞서다 보니 '지금 여기'서의 삶의 중요성을 잊어버리기 쉽다.

오늘은 선물(Present)이다. 우리는 살아 있는 한 매일 오늘을 맞이한다. 따라서 우리는 매일 새로운 선물을 받는 것이다. 선물을 받으면 감사하는 마음이 드는 것은 당연하듯이, 날마다 좋은 날이 되려면 매일 아침 감사하는 마음으로 하루를 시작하는 것이 좋은 습관이다. 지금 내가 안고 있는 온갖 문제 대신에 내가 누리고 있는 은혜와 축복을 헤아려 보면 저절로 감사하는 마음이 일어나게 될 것이다. 이렇게 하루를 시작하는 습관은 우리를 날마다 작은 행복들이 가득한 '좋은 날'로 인도할 것이다.

그렇지만 살아가면서 어찌 모든 날들이 행복하고 좋은 일만 있겠는가? 때로는 예기치 않은 불행과 시련이 찾아올 때도 있을 것이다. 이럴 때도 과연 좋은 날이 될 수 있을까? 삶에 대한 태도를 비롯해 살아가면서 겪는 모든 일들을 어떻게 받아들일 것인가를 결정하는 것은 바로 나 자신이다. 그리고 좋은 일과 나쁜 일을 구분 짓는 것은 우리의 생각이다. 새옹지마란 말처럼 시간이 가면 좋은 일과 나쁜 일이 뒤바뀌기도 하는 것이고, 나쁜 일이 왜 생겼는지 그 의미를 발견한다면 그것은 결코 나쁜 일이 아닐 수 있다. 그러므로 오늘 나에게 일어나는 일들이 좋은 것이든 나쁜 것이든 간에 일희일비하지 않고 그 의미를 새기면서 잘 견뎌내겠다는 긍정의 마음은 '날마다 좋은 날'을 만들어 가기 위한 하나의 씨앗이 되는 것이다.

외국에서 있던 사례로, 텔레비전 인기 프로에 출연한 어느 노인이 넘치는 기개와 재치로 쇼를 독차지하며 게임에서는 우승상까지 받았다. 아나운서가 노인에게 물었다. "그렇게 행복해지는 비결이 무엇입니까?"

"아침에 일어나면 두 가지 중의 하나를 선택해야 하지. 하나는 행복해지는 것, 다른 하나는 불행해지는 것이지. 난, 그저 행복해야겠다고 마음먹는다네. 그게 전부야."

사람은 매일 새로운 기회와 도전이 주어지며, 단 하루도 똑같은 날은 없다. 오늘은 어제 죽은 이들이 그토록 살고 싶어 했던 날이며, 매일 반복되는 평범한 일상도 누군가에게는 간절히 원하는 삶일 수도 있다. 건강을 잃고 나서야 건강의 소중함을 알 수 있듯이, 일상의 소중함은 일상을 잃어보지 못한 사람은 이해하기 힘들다. 사는 것이 권태롭고 그날이 그날인 일상이 무미건조하게 느껴진다면, 조용히 눈을 감고서 우리에게 보고 듣고 걷는 것마저도 얼마나 감사해야 할 축복인지를 생각해보라. 부모로부터 생명을 받아, 우주의 한 부분에서 삶을 산다는 것 자체가 행운이며 신비하고 경이로운 일이다. 또한 우리는 살아가는데 있어 얼마나 많은 사람들로부터 도움을 받고 있는가! 이러한 생각을 하다 보면 우리의 일상은 날마다 좋은 날이 아니 될 수가 없다. 매일 똑같은 생활을 하면서 억지로 세월에 끌려가는 삶이 아니라, 날마다 새로워짐으로써 어제보다 나은 오늘이 되고 그것이 쌓여 훗날 후회하지 않는 인생이 될 것이다.

나의 인생, 그리고 삶의 기술
삶의 기술

만족할 줄 알고, 분수를 알고, 멈출 줄 알면 행복하다

인간의 불행은 만족을 모르는 데서 온다. 노자(공자와 同時代 인물)는 도덕경에서 "만족할 줄 알면 욕되지 않고, 그칠 줄 알면 위태롭지 않다. 이와 같이 하면 오래도록 편안할 수 있다(知足不辱, 知止不殆, 可以長久)"고 했다. 여기에 분수를 안다는 뜻의 지분(知分)을 더하면 지족(知足), 지지(知止)와 함께 삼지(三知)가 된다. 만족할 줄 알며 분수를 지킬 줄 알고 적당한 선에서 멈출 줄 아는 것, 이 세 가지를 행할 수 있다면 반드시 행복에 이를 것이다. 하지만 평범한 삶을 사는 범부(凡夫)는 이중 한 가지도 실천하기 어려운 것이 세상사이다. 자신을 아는 사람이 가장 현명한 사람이고, 분수껏 사는 사람이 가장 행복한 사람이라는 말이 가슴에 와 닿는다.

> 만족할 줄 아는 사람은 진정한 부자이고, 만족을 모르는 사람은 가난한 사람이다.
> － 솔론, 고대 그리스 정치가

사람들은 욕구가 충족되면 기뻐하지만 만족은 오래가지 않고 곧이어 또 다른 욕구를 채우려고 한다. 만족한 상태를 유지하기 위해서는 더 큰 자극이 필요하기 때문이다. 복권 당첨자에게는 이제 행복의 기준이 아주 높아져서 복권 당첨에 버금가는 커다란 자극이 없으면 행복을 느끼지 못한다고 한다. 욕망은 인간을 발전시키는 엔진과도 같지만 동시에 고통의 원천이기도 하다. 사람들은 끝없이 더 많이 가지려고만 하지 때로는 더 적은 것으로 만족하는 법을 배우려고 하지 않는다. 욕망은 끝이 없어 이를 좇는 방식으로는 행복에 이를 수 없다. 그러므로 욕망을 계속 키워가는 것보다는 이를 줄이는 것이 행복해지는 길이며, 욕망과 행복은 반비례 관계에 있다고 할 수 있다. 결국 행복은 만족할 줄 아는 사람만이 누릴 수 있는 '삶의 기술'이다.

욕구를 버리는 것은 그것을 충족시키는 것만큼이나 행복하고 마음 편한 일이다.

−윌리엄 제임스

분수를 안다 - Remember Your Place -는 것은 자신의 형편과 처지, 능력과 한계를, 즉 자신을 안다는 뜻이다. 우리말에도 "네 분수를 알아"는 말이 있고 저 유명한 소크라테스의 "너 자신을 알라"는 말도 있다. 이를 잘못 받아들이면 네 처지를 알아서 만족하고 현실에 안주하라는 말로도 읽힐 수가 있지만, 분수를 안다는 것은 무리한 욕심을 자제하고 적당한 선에서 만족할 줄 아는 사람이 되는 것이다. 즉 행복으로 가는 길을 아는 현명한 사람이 되는 것이다. '송충이는 솔잎을 먹어야 한다.'는 말과 같이 사람은 자신의 능력을 모르고 지나치게 욕심을 부리는 것을 항상 경계해야 한다.

일신에 필요한 만큼 재산에 만족할 수 있다면 분수를 제대로 지키는 것이고, 그보다 더 많은 것을 원한다면 절벽으로 떨어지듯 걷잡을 수 없이 점점 물욕에 사로잡히게 된다.

일단 제 분수를 넘어서기 시작하면 한정이 없다.

– 에픽테토스

그칠 줄 알면 위태롭지 않다. 끝없는 욕심은 결국에는 화를 불러일으킨다. 고대 중국 역사에서 한(漢)나라를 건국하는 데 결정적인 공을 세운 공신에는 한초삼걸(漢初三傑)이라 불리는 한신, 소하, 장량(장자방, BC 250년~ BC 186년 추정) 세 사람이 있다. 이들 중 한신은 토사구팽당해 처형되었고, 소하는 죽을 때까지 자리 보존을 위해 유방과 여태후의 눈치를 보며 전전긍긍했던 것과 달리 장량은 명예로운 은퇴를 함으로써 평온한 말년을 보냈다. 천성적으로 병약 체질이었던 그는 몸이 약함을 명분으로 물러나 은둔 생활에 들어가며 성공불거(成功不居, 성공한 곳에는 머무르지 않는다)와 지지(知止, 멈출 때를 안다)를 몸소 실천함으로써 화를 면하였다. 장량은 평소 "만호의 봉읍을 받고 지위는 열후에 올랐으니 나는 이미 매우 만족한다. 이제는 세상사 모두 잊고 적송자(赤松子, 전설 속 신선)의 뒤를 따라서 노닐고자 한다."라고 말했는데 그의 말대로 모든 것을 버리고 물러났다. 장량의 사당 한쪽 바위에는 '성공불거'와 '지지' 두 글이 새겨져 있어, 우리에게 끝없는 탐욕에 대한 경계와 물러남과 멈춤의 지혜를 전하고 있다고 한다.

폭식은 폭식자를 해친다. 대식은 대식가를 벌한다. 소화불량은 하느님의 명을 받아 밥통에 훈계를 준다. 우리들의 정열도, 심지어 연애마저도 저마다 하나의 밥통을 가지고 있는데 그것을 너무 가득 채워서는 안 된다. 모든 일은 적당한 시기에 '끝판'이라는 글자를 써 붙여야 한다. 절박해졌을 때에는 자제해야 하고, 제 욕망에 빗장을 걸고, 흥취를 구속하고, 자기 자신을 감시하지 않으면 안 된다. 일정한 시기에 자기 자신의 체포를 실행할 줄 아는 사람이 현인이다.

- 『레미제라블』 중에서

지나침이 없는 삶-조금 부족한 것이 더 낫다

논어에 나오는 과유불급(過猶不及)이란, 지나친 것은 모자라는 것과 같다는 뜻의 사자성어로 지나치지도 모자라지도 않는 중도를 취하는 것이 좋다는 뜻이다. 뭐든 지나치면 좋지 않다는 것을 강조하기 위한 뜻이나 차라리 조금 부족한 상태가 낫다는 생각이 든다. 서양에서도 철학자 플라톤(B.C 427~347)이 행복의 기준으로 '모자람'을 들었다. 먹고 입고 살기에 조금은 부족한 듯한 재산, 모든 사람이 칭찬하기에 약간 부족한

용모, 자신이 생각하는 것의 절반밖에 인정받지 못하는 명예, 남과 겨뤄서 한 사람에게는 이기고 두 사람에게는 질 정도의 체력, 연설을 했을 때 청중의 절반 정도만 박수를 보내는 말솜씨 등의 다섯 가지이다. 그가 생각한 행복의 기준은 완벽한 것이 아니라 조금 부족하고 모자란 상태이다. 사람이 모든 면에서 완벽하다면 행복을 못 느낄 것이다. 부족한 부분을 채우려고 노력하는 생활 속에 보람과 행복이 깃든다고 할 수 있다.

그런데 현실 세계에서 조금 부족하고 모자란 상태가 행복이라는 이 말 뜻을 잘못 받아들이면 많이 갖지 못해 부족함을 느끼는 사람들이 스스로 위안하고자 하는 말이 아닌가 오해할 수도 있다. 하지만 조금만 더 뜻을 잘 헤아려보면, 부족함이 없이 충분히 가지고 있다면 더 채운다고 해서 쉽게 행복을 느끼지 못할 것이며, 끊임없이 더 많이 채우려고 하는 행태로는 절대로 만족에 이를 수 없고 오히려 주체할 수 없는 욕망의 노예가 되기 쉬우므로 자신을 돌아보고 조금 모자란 상태에서 만족하라는 의미로 해석이 된다. 조선 시대에는 계영배(戒盈杯), 즉 '넘침을 경계하는 잔'이라는 것이 있었는데, 이는 과음을 경계하기 위해 술이 일정한 한도(70%)에 차오르면 새어나가도록 만든 잔이다. 이 잔에는 인간의 끝없는 욕심과 지나침을 경계해야 한다는 의미가 담겨 있는데, 조선 시대 거상(巨商), 임상옥(1779~1855)은 계영배를 늘 옆에 두고 끝없이 솟구치는 과욕을 다스리면서 큰 재산을 모은 것으로 전해진다. 또한 조선 시대 27

명의 왕 중에서 세종대왕에 버금가는 것으로 평가되는 정조대왕은 활쏘기의 명사수였다. 그는 50발을 쏘면 49발을 명중시키고 한 발은 일부러 맞히지 않았다고 하는데 이때 "무엇이든지 가득 차면 못쓰는 것이라고 했더라."는 그의 말이 전해지고 있다.

가득 차면 반드시 망하고 겸허하면 반드시 존경받는다.
盈則必亡 謙則必尊(영즉필망 겸즉필존)

-다산 정약용

몸에 좋은 음식도 지나치게 섭취하거나, 몸에 좋은 운동도 과하면 오히려 건강에 해롭다. 어느 조사 결과에 따르면, 운동선수의 수명이 생각 외로 평균보다 훨씬 낮은 하위권에 속하는 것으로 나왔다는 것을 보면 지나친 운동이 건강에 해로운 것은 틀림없는 것 같다. 小食은 장수의 비결로 알려져 있다. 의사들에 의하면, 과식을 하게 되면 장이 지나치게 작용해 각종 질환을 부른다. 즉 음식물을 과잉 섭취하면 소화를 하면서 활성산소를 발생시켜 세포의 노화와 암세포 발생을 조장한다고 한다. 또한 인간의 몸은 노화 과정으로 염증이 진행되는데, 이런 현상은 특히 신경계와 두뇌에서 뚜렷하게 나타나며 음식을 적게 먹으면 몸속의 염증 정도를 줄일 수 있고 두뇌가 스스로를 치유할 수 있는 능력을 키워줄 수 있다고 한다.

소식의 적정량은 배의 80% 정도를 채우는 것이다. 먹는 것 말고도 뭐든 원하는 것의 80% 정도만 채우면 된다는 생각은 마음의 여유를 가져온다. 자신의 욕심을 완전히 채우지 않고 여백으로 남겨 놓거나 나머지 20%를 타인에게 양보하는 이타심은 100%를 채웠을 때보다 오히려 더 큰 행복감을 느끼게 해줄 것이다. 2016년 일본 규슈 구마모토 지진 현장에서 보여준 일본인들의 모습은 매우 인상적이다. 전혀 식품 등의 사재기가 없었다고 전해지는데 그 이유를 시민들에게 물어보자 "내가 많이 사면 다른 사람들이 아침을 굶을 수도 있으니까요"라고 답했다.

동아일보 기자 출신인 이낙연 전 총리는 기자 시절 경험한 구본무 회장과 구 회장의 부친인 구자경 명예회장의 일화를 소개했다.

"구본무 회장님은 중간 값의 술을 즐겨 드셨습니다. 너무 싼 술을 마시면 위선 같고, 너무 비싼 술을 마시는 것은 도리가 아니라는 게 이유였습니다. 구자경 명예회장님은 광화문 진주집에서 진주식 비빔밥을 혼자 드시곤 했습니다. 그 장면을 제가 청년 기자 시절에 몇 번이나 목격했습니다."

- 2018.5. 중앙일보

이와 비슷한 사례는 삼국지에서도 찾아볼 수 있다. 조조는 전쟁에서 지면 자신을 반성했고, 승리를 거두면 다른 사람에게 감사했다. 그의 부인인 변 씨(卞氏)는 기생 출신이었으나 인품이 매우 훌륭했고 사람됨과 처세도 매우 조심스러웠다. 조조가 그녀에게 노획한 보물 중에서 한두 가지 패물을 고르게 하면 그녀는 매번 중간 정도의 것을 골랐다고 한다. 조조가 그 까닭을 묻자, "가장 좋은 것을 고르면 탐욕스럽고, 가장 나쁜 것을 고르면 위선적이므로 중간 것을 골랐습니다."라고 하였으며 조조는 이를 크게 칭찬했다.

술도 알맞게 취하면 그걸로 좋아.
꽃도 반쯤 핀 것이 볼품은 제일이요,
돛을 반쯤 올린 돛단배가 안전하도다.
보물이 너무 많으면 걱정이 많고,
가난하면 물욕이 생기니 그도 탈일세.
인생은 쓰고도 단것이니,
깨닫고 보면 그 한가운데 절반 맛이 제일이구나.

– 이밀암(중국 청나라), 「중용가」 중에서

행복해지고 싶으면 감사하라

감사(感謝)할 일이 많을수록 행복한 삶이다. 역(逆)으로 감사할 줄 모르는 사람은 불행하다고 할 수 있다. 여기서 말하고자 하는 '감사'는 누군가에게 고마움을 표시하는 것에 국한하지 않고 적극적으로 감사할 대상을 찾아서 감사하는 마음을 갖는 것을 의미한다. 왜 그렇게 해야 할까? '감사'는 우리를 행복하고 건강한 삶으로 이끌어주기 때문이다. 그것은 많은 사람들의 경험을 통해 실제로 효험이 입증된 삶의 기술이기도 하다. 성경에서는 '범사에 감사하라'라는 구절에서 보듯이 감사의 중요성을 매우 강조한다. 감사할 대상을 찾는 과정에서 평소 무심히 지나치던 일상을 되돌아보게 되고, 세상을 보는 관점과 생각이 바뀌면서 우리 내부에도 자연스럽게 변화가 일어나게 될 것이다. 감사할 거리가 많아질수록 그동안 당연하거나 별것 아닌 걸로 여겼던 것들이 사실은 특별한 것이고 감사해야할 일이라는 것을 깨닫게 됨으로써 삶에 대한 만족감은 높아지고 생각은 긍정적으로 바뀔 것이다. '나는 별로 가진 것이 없어 불행하다'는 생각에서 '나에게 주어진 것이 참으로 많아서 행복하고 감사하다'는 생각으로의 전환은 의심할 여지없이 실제로 우리를 행복한 삶으로 인도할 것이다.

감사의 효능은 과학적으로도 입증이 됐다. 감사를 느끼면 뇌의 작용을 통해 도파민, 세로토닌, 엔도르핀 등 행복 호르몬이 분비된다고 한다. 그렇게 되면 심장 박동과 혈압이 안정되고 근육이 이완되면서 행복감을 느끼게 되는 것이다. 또한 감사는 스트레스 완화제와 같아서 분노나 화, 후회 등과 같은 감정을 덜 느끼게 한다. 감사 일기를 자주 쓰는 사람들이 안 쓰는 사람들에 비해 행복지수가 더 높고 수면, 일, 운동 등에서 훨씬 더 좋은 성과를 냈다는 실험 결과도 있다. 스트레스 연구로 노벨상을 수상한 한 교수가 마지막 강연에서 스트레스를 해소할 수 있는 방법 단 한 가지만 알려 달라는 청중의 질문에 "Appreciation(감사)" 한 마디만을 남겼다고 한다. 모든 것을 감사히 여기는 마음에 답이 있다. 누구나 할 수 있는 방법이지만 중요한 것은 실천하는 것이다. 매일 감사할 거리를 세 가지 찾는다든가 감사 일기를 쓰는 것이 유용한 실천 방법 중의 하나가 될 것이다.

미국의 유명한 여성 방송인이며 전 세계 흑인 여성들 중 가장 성공한 인물이자 부와 명예를 거머쥔 오프라 윈프리가 흑인, 사생아, 가난, 마약 등으로 점철된 불우한 시절을 극복하고 성공하는 데 힘이 된 것은 '날마다 쓰는 감사편지'였다고 한다. 그녀는 아침에 눈을 뜨면 글부터 쓰기 시작했는데, 새로운 아침을 시작할 수 있게 해 주셔서 감사하다고 썼다. 미국 캘리포니아대 폴 밀스 교수는 "시간이 지날수록 작은 것에서 시작한 감사의 마음이 점점 커지면서 이전에는 감사하다고 여기지 않았던 일조차 감사할 수 있게 된다."고 하면서 감사하는 마음이 사람의 기분을 좋게 만들고 심장을 더 건강하게 한다는 연구 결과를 내놓았다. 주변에 많은 사람들은 '감사'를 통해 자신의 역경과 불우한 환경을 이겨낼 수 있었다고 실제 경험을 얘기한다. 사실 살면서 겪는 즐거움, 괴로움 속에 담겨 있는 의미를 발견하면 모두가 감사할 일이다. 특히 어렵고 힘든 순간이 지나가면 반드시 배우는 것이 있고 그것을 통해 성숙하게 된다. 그런 의미에서 인생의 고통, 괴로움마저도 감사해야할 대상이라고 할 수 있다.

> 당신의 일생에 있어서 말할 수 있는 유일한 기도가 "감사합니다"라면 그것으로 충분하다.
> If the only prayer you ever say in your whole life is "thank you" that would suffice.
>
> -Meister Eckhart

쉼의 기술

세계적 불교 지도자이며 생불(生佛, 살아 있는 부처)로 추앙을 받다가 얼마 전 열반에 든 고 틱낫한 스님은 사람들에게 "왜 무덤으로 가는 길을 서두르는가?"라고 물었다. 어차피 삶은 때가 되면 소멸하게 마련이고 결국 마지막 종착지는 무덤인데 뭘 그리 서두르며 가느냐는 것이다. 한국인은 '빨리 빨리' 문화'로 민족성을 대표하는 자타가 공인하는 '속도의 민족'이다. 덕분에 우리나라는 세계 최고 수준의 인터넷 강국이 되었다. 느려 터지면 절대 못 참기 때문이다.

그런데 도대체 우리는 왜, 무엇을 위하여, 어디로 그리 급하게 가는 것일까? 사실 한강의 기적으로 불리는 우리나라의 경제 발전은 한국인 특유의 부지런함, 빨리빨리 문화, 세계 상위권의 과도한 근로시간 등에 기인한 바가 크다. 그러나 경제 성장 이면에는 어두운 그림자가 분명히 존재한다. 2000년대 초만 해도 한국인의 40대 사망률은 세계 1위였고, 지금도 자살률은 OECD 국가 중 1위라고 한다. 또한 행복 수준은 여전히 경제적 성취에 못 미치고 있다. 대부분의 한국인들은 치열한 경쟁과 남들과 비교하는 삶 속에서 미래를 대비하느라 마음이 급한 탓에 제대로 쉬지 못하고 사는 것 같다. 이러한 통계가 의미하는 바는 바삐 갈 줄만 아는 우리에게 조금 느리게 삶의 속도를 조절하고 자신과 주변을 돌아보며 가야 한다고 알려주고 있는 것이다.

바쁠수록 일과 휴식의 균형이 필요하다. 건강한 생활을 위해서는 자신만의 삶의 리듬을 놓치지 말아야 한다. 정신없이 바쁘게 살다보면 그만큼 인생에서 놓치는 부분이 많고 행복감 또한 느끼기 어려우며, 자신이 어디로 가고 있는 것인지 삶의 방향을 잃어버리기 쉽다. 쉬지 않고 일에만 몰두하면 에너지를 모두 소진하고 기진맥진하여 무기력하게 되는 이른바 '번 아웃 증후군'이 찾아올 수 있다. 힘들면 몸에서 어떤 식으로든 신호를 보내는데 이를 무시하고 때를 놓치면 큰 병으로 이어질 수도 있다.

  휴식은 낭비나 비생산적인 것이 아니라 앞으로 나가기 위하여 꼭 필요한 충전의 시간이다. 따라서 쉰다는 것에 대한 죄의식을 가질 필요 없이 적극적으로 휴식시간을 스스로 만드는 것이 좋다. 그러기 위해서는 우리 삶에도 선택과 집중이 필요하다. 삶에서 불필요한 것을 덜어내어 단순화시키고, 스마트폰과 같은 디지털 기기와도 거리를 두는 것이다. 그리하여 혼자만의 편안한 곳에서 단 5분~10분만이라도 멍 때리기를 한다면 꽤 도움이 될 것이다.

  멍 때리기는 아무것도 하지 않고 넋이 나간 것처럼 멍하니 있는 상태를 말하는데 산림욕과도 비슷한 효과가 있으며, 뇌와 눈의 피로를 풀어주고 아이디어를 떠올리게 하는 일석이조의 효과가 있다고 한다. 너무 자주 하지는 말고 하루에 2회, 한 번에 10~15분 정도가 적당하다. 상황이 허락한다면 항시 생활하는 곳에서 잠시 벗어나 새로운 환경을 찾는 것도 좋다. 익숙한 곳을 벗어나는 것만으로도 뇌는 활기를 찾는다. 최근 어느 국내 재벌그룹 회장은 한 포럼에서 틈만 나면 제주를 찾아 멍 때리기를 한다고 말했다. 심신을 안정시키고 스트레스를 해소하는 방법에 있어서는 재벌이나 일반인이나 별 차이가 없다. 주말에 아무것도 하지 않으면서 잠만 자거나 소파에 앉아 TV를 장시간 보고나면 피로가 더욱 쌓이는데 그래서 월요병이 생기기도 한다. 휴식에도 기술이 필요하며, 자신의 생활 리듬을 유지할 수 있도록 자신에게 맞는 휴식 방법을 찾는 것이 중요하다.

'잘 노는 사람이 일도 잘한다.'는 말이 있다. 일할 때 일하고 놀 때 노는 것, 즉 일과 휴식의 경계를 분명히 해야 한다는 말이다. 일하면서 딴 생각을 하면 좋은 성과가 나올 수 없고, 쉬면서도 일 걱정이 떠나지 않는다면 제대로 쉴 수 없다. 하루 일과를 끝내고 직장 문을 나서는 순간 업무에 관한 것은 머릿속에서 지워버리는 것이 좋다. 그러나 최근에는 e-메일, 전자결재, 스마트폰, 단체 대화방, SNS 등 디지털 환경의 진화로 인해 일과 휴식의 경계가 무너지고 있다. 그로 인해 우리의 뇌는 쉴 틈이 없이 혹사당하고 있으며, 신체의 피로는 쌓여간다. 지하철을 타는 시간에라도 잠시 쉬면 좋으련만 대부분 스마트폰을 보거나 게임을 한다. 심지어는 스마트폰을 보면서 밥을 먹고, 신호등을 건너고 길을 걷는 사람들도 많다. 이정도면 완전히 스마트폰의 노예가 된 것이나 마찬가지다. 여기서 우리는 다시 한 번 삶의 기본 원칙을 돌아볼 필요가 있다. 사람은 스마트폰의 주인이지 노예가 되어서는 안 된다. 그러기 위해서는 문명의 이기(利器)와도 적당한 거리두기가 필요하다. 뭐든 지나치면 안 좋고 적당한 선에서 멈출 줄 알아야 한다.

나의 인생, 그리고 삶의 기술
삶의 기술

유머와 웃음

우리말에 소문만복래(笑門萬福來), '웃으면 복이 온다.'는 말이 있다. 웃는 얼굴은 상대방에게 호감과 긍정적인 이미지를 심어준다. 서먹서먹한 관계도 웃음 하나로 가까워질 수 있으며, 생각지도 않은 순간에 터져 나오는 웃음은 어색하고 얼음장 같은 분위기를 순식간에 녹여내어 훈훈한 분위로 바꾸어 놓는 마력이 있다. 일소일소 일로일로(一笑一小 一怒一老) '한 번 웃으면 한 번 젊어지고 한 번 화내면 한 번 늙는다.'는 말에는 과학적 근거가 있다. 연구 결과 웃음은 긴장을 풀어주고 엔도르핀의 분비를 증가시켜 질병을 치료하는 데에도 효과적이며, 정신 건강에도 도움을 주는 것으로 밝혀졌기 때문이다. 억지웃음조차도 건강에 유익하다는 것이 관련 학계의 정설이다. 의학의 아버지로 불리는 히포크라테스는 약 2,500년 전 "웃음은 몸과 마음을 치유하는 명약이다" "최고의 운동은 걷기이고 최고의 명약은 웃음이다."라고 했다. 이상의 내용을 종합해보면 '웃으면 복이 온다.'는 말의 의미가 실감이 난다. 우선 건강에 좋고 대인 관계에도 도움을 주며 마음과 태도 면에서 긍정적인 변화를 가져오니 그것이 바로 복(福)을 끌어오는 것이 아니겠는가? 우리에게 널리 알려진 '행복하기 때문에 웃는 것이 아니라 웃기 때문에 행복하다'는 말과 같은 맥락이다.

유머는 웃음을 유발하며 삶을 즐겁고 풍요롭게 한다. 웃음과 유머가 풍부한 사람들은 최고의 명약을 매일 복용하는 것과 같으니 행복하고 건강할 확률이 높은 것은 당연지사다. 유머는 여유에서 나오며, 여유란 세상일과 적당히 거리를 둔 넉넉한 마음 상태를 말한다. 원리원칙을 찾고 각종 의무감에 시달리며 살아가는 사람들에게는 유머를 즐길 만한 여유가 없다. 예전에는 윗사람은 그저 근엄하고 엄숙한 표정으로 무게를 잡아야 하는 것으로 여기던 시절이 있었다. 그렇지만 세상을 항상 긴장하며 심각하게 살아갈 수는 없다. 요즘은 재미있는 사람이 제일 인기가 좋고, 배우자감으로도 높은 평점을 받는다고 한다. 그래서 유머러스한 사람은 어디서든 환영받고 자신의 호감도를 높일 수 있어 '유머 감각도 능력'이란 말이 나온다. 유머는 돈 없이도 갖출 수 있는 최고의 자산이며 리더로서 특히 갖추어야 할 덕목이기도 하다. 얼마 전 TV로 중계된 아카데미 시상식에서 우리나라 노배우의 세월과 연륜에서 묻어나오는 촌철살인의 유머 감각에 할리우드 스타들의 박수와 웃음이 터져 나오는 것을 본 적이 있다. 유머의 힘이란 바로 그런 것이다. 그런데 누군가에게 재미나게 들은 유머를 다른 곳에서 써먹으려고 하면 똑같은 맛이 안 나고 분위기가 썰렁해지기 쉽다. 유머 감각을 갖추고 유머를 맛깔나게 구사하기 위해서는 어느 정도 노력이 필요하다. 유머는 일단 듣는 사람이 재미있어야 하므로 마음에 드는 유머를 써먹으려면 수첩에 적어 놓고 연습을 해보는 것도 방법이겠다.

> 유머는 입으로 하는 것이 아니라 수첩으로 하는 것이다.
>
> – 오스카 와일드

   한국이나 외국 모두 정치인을 소재로 한 유머가 특히 재미있는데 대부분 실제 상황과 관련되기도 하고 최고 권력자를 대상으로 한 풍자라서 그런 것 같다. YS로 불리는 전 김영삼 대통령은 미국의 클린턴 대통령이 방한했을 당시 실제로 클린턴에게 Who are you?라는 황당한 인사를 건넸다고 한다. 당시 상황을 짐작해보면 클린턴이 많이 당황했을 것 같다. 나중에 통역을 담당했던 비서관이 YS에게 "왜 그런 인사를 하셨느냐"고 묻자 경상도에서는 반가운 사람을 만나면 '이게 누꼬?'라고 인사한다는 것이었다. 이를 소재로 한 몇 가지 유머가 시중에 나와 있으나 여기서는 생략한다.

   영국 수상 윈스턴 처칠은 연설을 하려고 연단에 오르던 중 넘어지자 청중들이 폭소를 터트렸다. 그러자 처칠은 "여러분이 웃을 수 있다면 또 한 번 넘어질 수 있습니다."라며 여유 있는 모습을 보였다. 대중들과 눈높이를 같이했던 그는 유머의 힘을 아는 영리한 정치가였다. 미국의 링컨 대통령도 뛰어난 유머 감각을 지니고 있었다. 상원의원 선거에서 경쟁하던 상대 후보가 "당신은 원숭이처럼 못생겼을 뿐 아니라 두 얼굴을 가진 이중인격자"라며 외모에 대한 공격을 하자 링컨은 "만약 제게 두 개의 얼굴이 있었다면 이 얼굴로 나왔겠습니까?"라며 재치 넘치는 답변으로 청중들에게 큰 웃음을 주었다. 영화배우 출신의 미국 레이건 대통령은 1981년 저격을 받고 병원으로 실려 갔다. 얼마 후 부인 낸시 여사가 나타나자 이렇게 말했다. "여보, 나 총알 피하는 걸 깜빡했어. 내가 전처럼 영화배우였다면 총알을 피할 수 있었을 텐데."

이 한마디로 레이건은 지지율이 83%까지 올라갔다. 이듬해 레이건의 지지율이 30%까지 떨어지자 걱정하는 보좌관들에게 그가 말했다. "그까짓 지지율 걱정하지 마, 다시 한 번 총 맞으면 될 테니까."

자녀 교육

'어떻게 하면 우리 아이가 성공해서 남부럽지 않게 잘 살 수 있을까?' 하는 것은 아마도 이 세상 모든 부모의 소망일 것이다. 하지만 어쩐지 이 말에는 부모의 욕심이 잔뜩 묻어나는 느낌이다. 그래서인지 우리 사회에서는 아이의 경쟁력을 키우기 위해 학원 많고, 학군 좋은 곳으로 무리하게 이사를 하거나 위장 전입하는 사례가 빈번하고 심지어 어린 나이에 해외로 유학을 보내기도 한다. 부모는 아이의 뜻과 상관없이 어떻게 키울까 노심초사하지만 아이는 부모의 뜻대로 되어주지 않는다. 그래서 교육은 어렵다. 어느 유명 재벌 그룹의 창업자가 세상에서 자식 교육과 골

프만큼은 뜻대로 되지 않는다고 탄식했다는 오래된 얘기도 있다. 온갖 역경을 딛고 사업에서 큰 성공을 이루었지만 자식 교육만큼은 아버지의 권위와 지시나 통제로 될 수 있는 것이 아니기에 어려운 것이다. 부모는 자식에 대해서 모든 것을 다 안다고 생각해서도 안 되며, 자신의 생각이나 가치를 아이에게 강요하고 있는 것은 아닌지 되돌아봐야 한다. 아이에게 오직 성공해서 남부럽지 않게 잘 사는 것만을 삶의 목적이나 방향으로 정해주려고 하지 말고, 아이가 잘하는 것을 할 수 있고, 원하는 삶을 살 수 있도록 곁에서 도와주는 것을 부모의 역할로 삼아야 할 것이다.

당신의 아이들은 당신의 것이 아닙니다.
그들은 스스로 삶을 갈망하는 생명의 아들과 딸이니
당신을 통해 왔으나 당신으로부터 온 것은 아니며
당신과 함께 있지만 당신의 소유는 아닙니다.
당신은 아이들에게 사랑은 줄 수 있으나
당신의 생각까지 줄 수는 없습니다.
아이들에게는 아이들의 생각이 있기 때문입니다.

−칼릴 지브란, 「아이들에 대하여」 중에서

일찍이 2,400여 년 전에 맹자는 자식 교육에 대한 처방을 내놓은바 있다. 『자식은 서로 바꾸어서 교육한다. 아비와 자식 사이에서는 직접 교육하기가 어렵기 때문이다. 아비가 자식에게 도를 가르쳐서 실행하지 않으면 화를 내고 책망하게 된다. 그렇게 되면 부자간의 정이 소원(疏遠)해지기 때문이다.』
맹자는 일찍 아버지를 여의고 어머니 슬하에서 자랐는데, 그의 어머니는 아들의 좋은 교육 환경을 위해 세 번씩이나 집을 옮겼다. 저 유명한 '맹모삼천지교(孟母三遷之敎)'가 바로 그것이다. 그 외에도 우리나라에서 오래전부터 행해지던 격대(隔代) 교육은 한 세대를 건너 대신하여 가르친다는 뜻으로 할아버지나 할머니가 부모를 대신하여 손주를 맡아서 교육하는 것을 뜻한다. 요즘 같은 핵가족 제도에서는 자녀 교육에서 조부모의 역할을 기대하기 어려우나 격대 교육은 조부모가 손주들에게 단순한 지식 전달뿐만 아니라 인생을 살아가는 데 필요한 지혜와 태도를 함양하도록 돕는 데 의의가 있다. 우리 조상들은 예로부터 격대 교육의 중요성을 잘 알고 있었던 것으로 보인다.

자녀 교육에 있어 가정 교육도 매우 중요한 한 축인데 가장 좋은 교육은 부모의 행동이라고 할 수 있다. 자녀는 부모의 습관이나 행동을 따라 하면서 보고 배우기 때문이다. 자녀에게 부모가 원하는 것을 하도록 강요하거나 집착해서는 안 된다. 부모의 가치를 중심으로 자녀를 교육시키려다 보면 자녀의 의지와 충돌하게 되고 이로 인해 자녀에 대한 실망과 갈등이 심해질 수 있다. 대체로 부모는 자녀에 대해 늘 '~~해', '~하지 마' '그건 안 돼'라고 말하며 부모의 생각대로 모든 것을 직접 결정해 주려고 하지만, 자녀는 부모의 지나친 간섭을 달가워하지 않으며 곧 만성이 되어 귀찮은 잔소리 정도로 여기게 된다. 삶의 거친 풍랑과 파도를 헤쳐 나가기 위해서는 자녀 스스로 강한 정신력과 판단력, 지혜를 갖추도록 도와주는 것이 부모의 역할이며, 자녀를 믿고 기다려주는 인내가 필요하다. 그 방법은 작은 일부터 스스로 생각하고, 스스로 판단하고, 스스로 행동하게 하는 것이다. 또한 자녀를 똑똑한 아이보다는 행복한 아이로 키워야 한다. 세상을 살아가는 데 필요한 기본적인 자질과 인격을 갖추는 것은 공부를 잘하는 것보다 훨씬 중요하다. 자녀 교육에도 기술이 필요한 대목이다.

> 당신은 언제나 부모나 선생님들로부터 인생에서 무언가에 도달해야만 한다고 배웠다.
> 교육은 무엇인가를 성취하라고 다그치는 것이 아니다. 진짜 교육은 당신이 어린 시절부터 아무도 모방하지 않고 언제든 당신 자신으로 있을 수 있도록 돕는 것이다. 〈지두 크리슈나무르티, 인도 철학자〉
>
> ─ 기시미 이치로, 「아들러 심리학을 읽는 밤」중에서

자녀에 대해 긍정적인 관심과 기대를 갖는 것은 좋은 결과를 가져올 수 있다. 하버드대 로젠탈 교수의 실험에 의해 증명된 '피그말리온 효과'는 누군가의 긍정적인 관심, 기대나 바람이 실제로도 좋은 결과를 가져

오는 것을 말한다. 간절히 무엇인가를 바라는 것은 강한 에너지를 갖고 있다. 권위를 가지고 있거나 든든한 지지자인 부모나 선생님이 주는 믿음이나 기대는 아이들에게 놀라운 효과를 발휘하게 된다. 누군가가 나에게 기대하고 있다, 나를 믿어준다는 느낌을 전달받는 순간 사람은 이해받고 있다고 느끼면서 강한 동기 부여를 갖게 되는 것이다.

반면에 '스티그마 효과', 즉 낙인 효과는 사람은 한번 나쁜 사람으로 인식되면 실제로도 더 나쁜 행동을 보인다는 것이다. 그러므로 자녀가 잘못한 일을 두고 계속 언급하면서 '너는 늘 그래'라는 말로 낙인찍지 않도록 주의해야 한다. 어린 시절 부모가 칭찬보다는 비난과 험담을 일삼았다면, 자녀는 성장해서도 매사에 당당하지 못하고 주눅이 든 모습을 보일 것이다. 부모는 자녀가 잘한 행동을 구체적으로 칭찬하고 자녀에 대한 신뢰를 충분히 표현해 주는 것이 좋은데 특히 능력에 대한 얘기보다 노력한 부분을 언급할 때 더 효과적이다. 또한 잘못한 일이 있을 때는 구체적으로 어떤 부분이 아쉬운지를 얘기해줌으로써 실수를 통해 배울 수 있도록 이끌어 준다.

가족으로 살아가는 법

　가족은 살아갈 이유를 발견하는 대상이기도 하지만, 때로는 가족을 가장 힘들게 하는 것이 같은 가족이기도 하다. 대부분의 선진국에서는 가족을 가장 중요한 삶의 가치로 들고 있는 것으로 한 조사에서 확인되었다. 최근 우리나라의 1인 가구 수가 약 660만 가구로 전체 가구의 31.7%에 달하는 등 가족의 형태는 많은 변화를 겪고 있다. 출산율 저하로 한 자녀 가정이 증가하고, 이혼율 증가와 혼외 출산 증가로 인한 한부모 가정도 늘어나고 있으며, 노부부끼리만 사는 가족 등 다양한 형태의 가족으로 변화하고 있다. 게다가 연애, 결혼, 출산을 포기한 3포세대의 등장으로 가족 자체의 형성이 어려워지는 경우도 생긴다. 이제는 어디까지를 가족으로 볼 것인지 가족의 개념도 바꾸어야 할 것 같다. 그런데 보통 가족이라고 하는 것은 총론적인 개념이고, 각론으로 들어가면 부부와 자녀, 부모, 형제 등 각각의 관계가 그리 간단치 않다. 여기에 더해서 형제, 자매의 배우자로 가족에 합류한 며느리, 사위까지 포함하면 관계는 한층 복잡해진다. 그래서 때로는 아주 사소한 일로 오해가 생겨 불편한 관계가 오래 지속되는 경우도 있다. 가화만사성(家和萬事成, 집안이 화목하면 모든 일이 잘 된다)은 말처럼 쉽지 않고 가족 구성원 모두가 함께 노력을 해야만 이룰 수 있다. 다른 인간관계와 마찬가지로 서로 조심하고 배려하는 노력이 필요하다.

자식은 부모에게 사랑스러운 존재이자 때로는 원수 같은 존재가 될 수도 있는 사이다. 어머니의 사랑은 '무조건적'이나 아버지의 사랑은 '조건이 있는' 사랑이라는 말이 있다. 심리학자 에리히 프롬은 '아버지의 사랑에는 복종이 주요한 덕목이며, 복종하지 않으면 아버지의 사랑은 철회된다.'고 했다. 그래서인지 대부분의 아버지는 아이들이 당연히 자신의 말에 복종할 것으로 기대한다. 그러나 자녀들이 성장하면 자신의 주장을 내세우며 부모와 각을 세우는 경우가 생긴다. 프로이트에 의하면 아이는 무의식중에 아버지를 이기려는 심리가 내재해 있다고 한다. 어려서는 아버지를 존경하지만 나이가 들수록 아버지를 뛰어넘어야 할 존재로 여긴다는 얘기다. 한편 아버지는 평생을 바깥일로 늘 바쁘다 보니 집안에서 벌어지는 모든 대소사는 엄마가 대신한다. 그래서인지 자녀들이 성장해서도 거의 모든 일을 주로 엄마와 얘기하는 현상이 벌어진다. 이래저래 아버지는 외로운 존재다. 자녀들이 성장하면 이제부터는 그들의 세상이고 그들이 주인공임을 인정해야 한다. 아버지로서의 권위를 내세워 간섭하거나 가르치려고만 해서는 자녀와의 갈등을 피할 수 없다. 자식 또한 독립해서 살아갈 능력을 갖추게 되면 부모에 대한 의존에서 탈피해야 할 것이다.

자녀에게 베푼 것에 대해서는 보상을 기대하지 말아야 한다. 쉽게 얻은 것은 소중함을 느끼지 못하는 것이 인간의 본성이다. 부모에게 받은 것이 많은 아이일수록 고마움을 느끼기보다는 이를 당연한 것으로 받아들이는 경향이 있다. 유태인 탈무드에도 '부자에게는 자식은 없고 상속인만이 있다'는 말이 있다. 한국 부모들은 자신들의 노후 준비보다도 자녀들에 대한 특히 교육 투자에 적극적이다. 그뿐만 아니라 자기가 사는 집을 줄여가면서까지 자식들의 결혼 준비, 집 장만 등에도 과도한 지원을 아끼지 않는다. 그러나 기대가 크면 실망도 커진다. 원인은 부모에게도 있다. 즉 자녀를 공부만 잘하는 이기적인 공부기술자로 키운 것인지, 겸손과 배려심, 이타심 등을 두루 갖춘 인격체로 키운 것인지 돌아봐야 한다. 많이 배우고 능력 있다는 것이 부모를 생각하는 마음으로 이어지지는 않는다. 자식이 잘되기를 바라는 마음에 자신을 희생해가면서 많은 지원을 아끼지 않지만 이에 대한 보답을 기대하는 것은 어리석은 일이다. 그저 자녀가 홀로서기 할 수 있도록 부모의 책임과 도리를 다한 것으로 만족할 뿐이다.

자녀들이 독립하여 각자의 가정을 꾸리게 되면 자신의 가정과 일터에 비해 부모에게로 향하는 관심의 양은 훨씬 줄어들 수밖에 없다. 그럼에도 대부분의 부모들은 이를 이해한다. 자신들도 그럴 수밖에 없었음을 경험으로 이미 알고 있기 때문이다. 그러기에 세상의 자식들은 부모가 돌아가시고 나서야 뒤늦은 후회를 한다. 대개 부모가 돌아가시고 나면 본인도 노년에 접어들고 그 위치가 되어보면 부모를 이해할 수 있게 되고 또한 자신도 곧 부모의 처지가 되어 있음을 알게 된다. 그래서 나온 말이 子欲孝而親不待 '자식은 효도하고자 하나 부모는 기다려주지 않는다.' 부모 자식 간의 사랑은 그 성질상 아래로 흐른다. 아래로 내려간 것이 거꾸로 올라오기는 힘들다. 그래서 '내리사랑'이라는 말이 있다. 자식이 부모가 되면 그 자식에게 똑같이 사랑을 베푼다. 부모로부터 받은 사랑을 부모에게 돌려주는 것이 아니라 자기 자식에게 되돌려주는 셈이다. 그러한 본성을 이해하면 기대할 것도 실망할 것도 없게 될 것이다.

한 아버지는 열 아들을 기를 수 있으나
열 아들은 한 아버지를 봉양하기 어렵다.

-독일 격언

부모, 자식과 달리 부부는 사실상 피 한 방울 섞이지 않은 남이다. 요즘은 우리나라에서도 이혼율이 급증하고 있다고 하는데 2021년 통계 기준으로 보면 인구 1,000명당 혼인 건수는 3.8명, 이혼 건수는 2.0명으로 나와 있다. 이러한 수치는 OECD 회원국 37개국 중 9위에 해당하며, 아시아에서는 1위를 차지했다. 우리나라의 경우는 특히 황혼 이혼이 늘었다고 한다. 부부는 신혼 초 뜨거운 연애의 감정이 식으면 슬슬 상대의 결점이 보이기 시작하는데 다른 집과 비교를 하는 순간부터 부부 사이에 금이 가기 시작한다. 칭찬할 거리는 찾기 힘들어도 다툴 거리는 차고도 넘친다. 이럴 때 오고가는 말은 후에 서로에게 깊은 상처로 남을 수 있고 이것은 또 다음에 싸우기 좋은 소재로 등장하기 때문에 조심해야 한다. 이러한 과정이 자주 일어나서 습관으로 굳어지면 결혼 생활은 돌이키기 어려운 상태에 들어간다. 그래서 여러 이유로 차마 이혼은 할 수 없고 오직 자식만을 바라보는 것을 유일한 낙으로 삼으면서 애들 결혼 때까지만 어떻게든 버텨보자며 황혼 이혼을 벼르면서 무늬만 부부처럼 사는 경우도 있다. 하지만 돌이켜보면 결혼할 때 상대의 모든 점이 마음에 들어서 한 것은 아니지 않은가? 좋은 궁합은 서로 넘치는 기운은 덜어내 주고 부족한 기운을 채워주는 것이라고 한다. 사람은 본능적으로 자신의 부족한 부분을 채워줄 수 있는 사람을 찾게 된다. 결혼이란 불완전하고 부족한 사람끼리 만나서 서로를 채워주며 혼자일 때보다 더 나은 삶을 향해 가는 것이 아닐까? 부부란 수십 년을 공들여서 늘그막에 든든한 동반자이자 좋은 친구 하나를 얻는 것이라고 생각한다.

2) 지혜로운 삶을 위하여

긍정의 힘

심리학자들의 연구에 의하면 사람은 하루에 5만 가지를 생각한다고 한다. 우리말에도 '5만 가지 생각이 든다.'는 말이 있는데 희한하게도 연구 결과와 일치한다. 그런데 그중 85%는 부정적인 생각이고 15%만이 긍정적인 것이라고 한다. 그래서 생각은 의도적으로 노력하지 않고 흘러가는 대로 놔두면 자연히 부정적인 쪽으로 향한다. 걱정, 불안, 두려움, 의심 등 부정적인 생각이 뇌에서 끊임없이 생산되는 것이다. 부정적인 생각에 빠져 밖으로 헤어 나오지 못하는 것은 자신이 만든 생각의 감옥에 스스로를 가두는 것과도 같다. 명상록으로 알려진 로마 황제 마르쿠스 아우렐리우스(121~180)는 "우리 인생은 우리의 생각대로 만들어지는 것이다. Our life is what our thoughts make it."라고 했다. 우리가 행복한 생각을 하면 행복해질 것이고, 불행한 생각을 하면 불행해질 것이다. 병과 건강은 생각에 그 뿌리를 두고 있어, 병든 생각은 병든 육체로 나타나고 반면에 즐거운 생각은 육체를 활기차게 만들어준다. 생각은 습관으로 구체화되어 긍정적인 생각은 긍정적 습관을 통해 좋은 열매를 맺고, 부정적인 생각은 부정적 습관을 통해 나쁜 열매를 맺는다. 우리 속담에 "콩 심은 데 콩 나고 팥 심은 데 팥 난다"는 말이 있듯이 생각과 결과에도 인과의 법칙이 적용된다.

> 긍정적인 사람은 오늘 좋은 일이 있을 거라 믿는다.
> 그러나 진정한 긍정의 고수는 오늘 어떤 일이 일어나든
> 잘 견딜 것이라고 생각한다.
>
> – 이근후, 『나는 죽을 때까지 재미있게 살고 싶다』중에서

100세 시대, 긍정의 힘은 장수에도 영향을 미치는 것으로 알려졌다. 장수 노인들의 비결을 연구한 결과 '규칙적인 생활' 다음으로 높은 순위를 차지한 것이 '긍정적인 성격'이었다. 긍정적인 성격이 운동이나 보약, 영양제보다 더 중요한 장수의 비결로 나타났다. 긍정적인 마음을 가지면 암세포를 극복할 수 있는 면역력이 실제로 증가한다는 연구결과도 있다. 어떤 의사는 "긍정적인 생각을 할 수만 있다면 그 어떤 명의보다 낫다"고 말한다. 일이 잘 풀릴 것으로 기대하면 잘 풀리고, 안 풀릴 것으로 기대하면 실제로 안 풀리는 경우를 '자기충족적 예언(self-fulfilling prophecy)'이라고 하는데, 실제로 긍정적인 자기충족적 예언은 긍정적인 결과를 가져온다고 한다. 가짜 약을 복용한 환자가 긍정적인 믿음으로 인해 병세가 호전되는 현상을 말하는 '플라시보 효과'도 긍정적 자기충족 예언의 한 예이다.

일본에서 경영의 신(神)으로 불리는 마스시타 전기의 창업주 마스시타 고노스케(1894~1989) 회장은 성공 비결을 묻는 직원에게 자신은 세 가지 하늘의 큰 은혜를 입고 태어났다고 했는데, "첫째는 가난, 둘째는 허약, 셋째는 못 배운 것이다. 가난하게 태어났기 때문에 부지런히 일하지 않고는 잘 살 수 없다는 것을 깨달았고, 허약하게 태어난 덕분에 일찍이 건강의 소중함을 깨달아 몸을 아끼고 건강에 힘써 아흔 살이 넘어서도 냉수 마찰을 하였고, 초등학교 4학년을 중퇴하였기 때문에 이 세상 모든 사람을 스승으로 받들어 배우기에 힘써 많은 지식과 상식을 얻었다. 이러한 불행한 환경이 나를 이만큼 성장시켜주기 위해 하늘이 준 시련이라 생각되어 감사하고 있다."는 내용이었다. 자신이 처한 부정적 상황을 오히려 긍정적인 면으로 전환하여 열심히 자신을 훈련하고 노력한 결과 훌륭한 성공을 이루어냈다. 이와 같이 긍정적인 사람들은 인생에서 부딪치는 모든 걸림돌을 성장과 발전을 위한 디딤돌로 바꾸어놓는다.

세상에는 두 종류의 사람들이 있다.
자신이 할 수 있다고 생각하는 사람과 할 수 없다고 생각하는 사람이다.
물론 두 사람 다 옳다.
그가 생각하는 대로 되기 때문이다.

- 헨리 포드, 포드 자동차 창업자

결국 인생은 마음먹기에 달렸다. 세상은 어제도 오늘도 그대로지만 그것을 어떻게 바라보는가는 마음에 달려 있다. 우리는 마음속에서 하루에도 몇 번씩 지옥과 천국을 오간다. 긍정의 힘을 믿고 자신에게 주어진 모든 것에 감사하며 적극적으로 살 것인가, 아니면 부정적인 생각에 파묻혀 비관적이고 우울한 삶을 살 것인가? 영국의 수상이었던 처칠은 "비관주의자들은 모든 기회에서 어려움을 보고, 낙관주의자들은 모든 어려움에서 기회를 본다."고 말했다. 똑같은 상황에서 낙관주의자는 도전을 하지만, 비관주의자는 도망갈 궁리만 한다. 확실한 것은, 사람은 자신이 스스로 선택한 세상에서 살게 된다는 것이다.

두 사람이 감옥 창살 밖을 내다보았다.
한 사람은 진흙탕을 보았고, 다른 한 사람은 별을 보았다.

– 프레드릭 랭브리지, 영국 시인

시련은 위기를 가장한 기회

세상에 시련이 없는 인생이 어디 있던가? 사람은 누구나 가까이 가서 보면 남들이 모르는 아픔을 갖고 있다. '인생은 멀리서 보면 희극이요,

가까이서 보면 비극이다'라는 희극 배우 찰리 채플린의 말이 의미심장하게 느껴진다. 시련 앞에서는 무엇보다 기다리는 인내심이 필요하다. 시간이 어느 정도 지나고 나서야 시련은 그 의미를 드러내기 때문이다. 그리고 낙관적 희망을 가져야만 어둡고 힘든 시련의 긴 터널을 포기하지 않고 통과할 수 있으며, 그 터널 끝에는 반드시 기회가 기다리고 있다. 시련 속에서는 또한 살아가야 할 이유를 발견하게 된다. 그런 의미에서 시련은 도전이자 뛰어넘어야 할 장애물이다. 장애물 앞에서 포기하고 주저앉는다면 '걸림돌'이 될 것이고, 이를 성장의 발판이자 기회로 생각하는 사람에게는 '디딤돌'이 되는 것이다. 시련을 극복하는 과정에서 가장 큰 장애물은 바로 자신의 마음이다.

> 살아 돌아온 사람이 시련을 통해 얻은 가장 값진 체험은
> 모든 시련을 겪고 난 후 이 세상에서 신(神) 이외에 아무것도 두려워할 필요가
> 없다는 경이로운 느낌을 갖게 된 것이다.
>
> – 빅터 프랭클, 『죽음의 수용소에서』 중에서

맹자(B.C 372~B.C 289)는 '생어우환 사어안락(生於憂患 死於安樂)' 즉 '걱정과 어려움이 나를 살게 하고, 안락함이 나를 죽음으로 이끈다.'고 말했다. 그리고 사마천(B.C 145~B.C 86)이 지은 불후의 역사서 '사기'는 고통과 역경을 딛고 탄생하였다. 그는 적군에 투항한 장수를 옹호하다가 한 무제

에게 노여움을 사 궁형(생식기를 없애던 형벌)을 당하는 고난을 겪으면서도 오직 사기를 완성시키겠다는 일념으로 살아남았다. 사마천은 왜 죽음보다 더한 치욕적인 궁형을 당하면서도 살아남는 길을 선택했는지, 왜 끝내 〈사기〉를 남겼는지에 대한 자신의 처절한 심정을 친구에게 보내는 편지에 담았다. 그중 일부를 정리한 것이 아래에 있는 내용이다.

사람은 누구나 한 번은 죽지만 어떤 죽음은 태산보다 무겁고, 어떤 죽음은 새털보다 가볍습니다. 그것은 어떻게 죽느냐에 따라 달라집니다.

예로부터 어려움을 극복해 고난 속에서도 남달리 뛰어난 일들을 이뤄낸 인물들은 몇 세기가 지난 지금까지도 그 이름이 칭송되고 있습니다. 주나라의 문왕은 감옥에 갇혀서 〈주역〉을 연구해 글로 남겼으며, 공자는 곤액을 당하고 나서 〈춘추〉를 썼습니다. 좌구명은 두 눈이 먼 뒤에 〈국어〉를 지어냈고, 손빈은 두 다리를 잘라내는 형벌을 받고서 그 유명한 〈병법〉을 완성시켰습니다.

이렇게 모든 훌륭한 일들은 생각이 얽혀서 잘 풀리지 않고 마음이 통할 곳을 잃었을 때 이루어집니다. 즉 궁지에 몰려 있을 때라야 지나간 일을 돌이켜보면서 미래를 바라볼 수 있는 지혜를 얻기 때문입니다.

미국 조지메이슨대 특수교육과 정유선 교수는 뇌성마비로 말과 행동이 자유롭지 못하지만 학교에서 주는 '최고 교수상'을 받았다. 그녀가 장애인이라는 편견을 극복하고 미국 유학까지 가서 최고 교수가 된 삶의 전환점은 고등학교 1학년 때 국어 선생님으로부터 받은 편지 한 장에서 시작된다. 정교수는 당시 세상이 장애인에게 쌓은 편견의 벽에 갇혀가고 있었는데, 국어 선생님이 그 벽을 허물어 주었던 것이다. 그 후 그녀는 "장애란 스스로 한계를 긋는 것"이라며 유학, 석·박사 학위, 결혼, 최고의 교수 등에 악착같이 도전해가며 고통스러운 시간을 헤쳐 나왔다.

"유선아. 아무 것도 겁내지 말고 움츠러들지 말고 너를 표현하여라. 한 번에 안 되면 다시 하고 될 때까지 혼신을 다해 봐라." "오직 자신이 무엇을 어떻게 생각하느냐가 문제이지, 누가 나에게 어떻게 한다고 하여 거기에 마음이 끌려 다니지 않도록 해라."(선생님의 편지 내용 중에서)

"스스로 마음에 한계를 긋는 일 자체가 장애라고 생각했다. 나에게 언어 장애가 없었다면 세상 사람들과 지금보다 훨씬 잘 어울려 지냈을 것이다. 하지만 장애가 만약에 없었더라면, 이만큼 열심히 했을까 하는 생각이 든다. 부족한 부분을 채우기 위해서 열심히 했고 그래서 이만큼 올 수 있었고 그 과정에서 삶은 더 풍성해졌다."

고난 속에서 세상을 원망하는 대신에 역경을 딛고 일어선 인간 승리의 삶은 백 마디의 말보다 훨씬 강한 메시지가 되어 사람들에게 희망과 용기를 준다. 시련을 겪기 이전과 이후의 사람은 완전히 다르다. 시련은 고통을 주는 한편 자신을 돌아보는 성찰을 통해 자신의 문제를 파악하고 부족한 것을 채울 수 있는 기회가 되기도 한다. 그러하기에 시련의 가치를 아는 자에게 시련은 그 이상의 의미가 있다. 시련은 삶의 일부이고 그로 인해 비로소 인생이 완성되는 것이며, 또한 삶의 격(格)을 높인다. 따라서 시련이 없는 삶은 인생의 핵심이 빠진 싱겁고 밋밋한 삶이라고 할 수 있다. 그래서 눈물에 젖은 빵을 먹어보지 못한 자와는 인생을 논하지 말라는 말도 있다. 나비 애벌레는 껍질을 뚫고 나오기 위해 안간힘을 쓰는 과정에서 날개의 근육이 생겨 날아갈 힘을 얻지만, 그것이 힘겨워 보인다고 사람이 옆에서 도와주게 되면 껍질에서 쉽게 나오기는 하지만 날개에 탄력을 잃어 그만 날지 못하고 죽는다고 한다. 이러한 것을 보면 살아 있는 모든 것들에게 있어 고난이란 생존을 위해 필수불가결한 과정으로 보인다. 따라서 인생에서 시련이 없기를 바라지 말고 위기 속에서 기회를 보는 지혜로움이 필요하다.

역경은 몸과 마음의 병을 고치는 약.

사람들이 역경에 처했을 때는 자신을 둘러싼 환경 하나하나가 모두 불리한 것으로 생각된다.

그러나 사실은 그것들이 몸과 마음의 병을 고칠 수 있는 힘과 약이다.

약이 몸에 쓰듯 역경은 잠시 몸에 괴롭고 마음에 쓰지만 그것을 참고 잘 다스리면 많은 이로움을 얻을 수 있다.

- 채근담

내 삶의 주인이 되는 법

우리가 많은 선택을 할 때 고려하는 중요한 기준의 하나는 '남들이 어떻게 생각할까'라고 해도 과언이 아닐 것이다. 세상을 살아가는 데 있어 내 뜻보다는 타인의 시선을 더 중요하게 여기며, 주위의 기대에 부응하기 위해 더 많은 에너지를 소비한다. 아직 세상을 잘 모르던 어린 시절부터 부모님, 선생님의 뜻에 충실하며, 남들과 비교 당하면서 어느샌가 내 뜻보다는 세상 뜻에 맞춰 살아가는 데 익숙해진 '맞춤형 인간'은 '나'를 잃어버리고 산지 오래되었고 타인을 의식하며 산다는 것을 당연하게 받아들인다. 그렇게 자신을 외면하고 세상만 바라보면서 살아온 대가는 '내가 지금까지 뭘 위해 산 거지?'라는 자괴감과 함께 찾아오는 인생에 대한 회의와 공허함일 것이다. 이른바 심리적 위기 상태인 '오춘기'가 찾아온다고 할 수 있겠다.

나의 인생, 그리고 삶의 기술
삶의 기술

> 용기 내어 그대가 생각하는 대로 실지 않으면
> 머지않아 그대는 사는 대로 생각하게 된다.
>
> — 폴 부르제, 프랑스 소설가

대부분의 한국인들은 무언가를 선택해야 할 때 '아무거나 좋아요.'라고 하는 경우가 많다. 오죽하면 식당 메뉴 중에 '아무거나'라는 메뉴가 있다는 농담도 있는데, 어느 식당에서는 메뉴판에 날마다 다르게 제공되는 '아무거나'라는 메뉴가 실제로 등장해서 화제가 되고 있다. 이러한 현상은 괜히 자신을 드러나게 해서 튀지 말고 '중간만 가자'라는 의식에서 나온다. 그래서 메뉴 선정이 제일 어려운 업무라는 말도 있다. 또한 직장인들은 출근할 때 영혼을 집에다 놓고 나온다고 한다. 직장에서 일하는 동안에는 나는 없고, 나의 생각이나 감정은 드러나지 않게 억눌러놓은 채로 외부 상황에 자신을 맞추며 살고 있는 것이다. 더구나 우리 사회는 개인의 의사를 중요하게 여기지 않는 경향이 있으며 자신의 의견을 강하게 주장하는 사람들은 주위로부터 왕따를 당하기 쉽다. 특히 유교 문화의 잔재로 개인보다 집단이나 사회를 우선시하고, 집단의 요구를 따르는 것을 미덕으로 여기며 개인의 희생을 강요하는 문화가 여전히 존재한다.

한국사회에서는 보통 남들이 살고 있는 집, 그들의 직업, 소득, 자동차, 가족 관계 등에 관해 궁금해 하고 서로 비교하면서 살아간다. 약간

과장해서 말하면 옆집에 숟가락이 몇 개 있는 것까지 알아야 직성이 풀린다고 말할 수 있을 정도로 남들에 대한 관심이 지나치다. '엄친아'(엄마가 아이를 야단칠 때 '내 친구 아이는 공부도 잘하고 착하고 부모 말도 잘 듣는데 넌 왜 이 모양이냐'라고 한 데서 비롯된 말)라는 신조어(新造語)는 이제 거의 일상적인 말이 되었다. 내 삶을 타인의 색깔로 물들게 하면 내 본연의 색깔은 없어지고 정체성의 혼란이 온다. 그러다 보면 주변의 평판에 민감해지고 타인의 기준에 맞추기 위해 늘 불안하다. 인간은 사회적 동물이기에 살아가면서 타인의 시선을 전혀 의식하지 않을 수는 없지만 그것이 과하면 스트레스가 되고 자신감과 자존감마저 낮아질 수 있다. 나답게 산다는 것은 내가 중심이 되는 세상을 말한다. 내 삶의 가치와 의미는 타인에게서 찾는 것이 아니다.

내가 이룬 것을 타인에게 인정받으려고 하지 마라.
세상의 잣대로 평가하지도 마라.
내가 이룬 것이 있다면
그것을 평가하는 기준과 잣대는 나로부터 나와야 한다.
그래야 나다운 삶, 내가 주인공인 삶을 살 수 있다.
타인의 인정과 평가에 영향을 받는 것은
곧 타인의 삶을 사는 것이다.

— 헤르만 헤세, 『헤세의 인생 공부』 중에서

나의 인생, 그리고 삶의 기술
삶의 기술

나에게 살아오면서 가장 후회되는 일 세 가지를 꼽으라면, 여유 없이 조바심을 내며 산 것, 쓸데없는 걱정을 너무 많이 한 것, 남을 지나치게 의식하며 산 것이다. 남을 배려하는 것과 남의 눈치를 보는 것은 전혀 다르다. 사실 바쁘게 활동하던 시절에는 이러한 문제를 생각해본 기억이 별로 없다. 기업이나 사회에서 활동을 하는 사람으로서 남을 의식하는 것은 당연한 것이었고 어디서나 눈치 빠르게 행동하는 사람이 환영받았다. 그러나 언제부터인가, '열심히 살아온 것은 맞는데 뭐가 잘못되었나?' '이게 내가 원하는 삶이었나?' 하는 생각에 마음 한 켠이 휑하니 허전함을 느낀다. 오랫동안 내 마음을 모르는 채 외면하고 남의 시선을 먼저 헤아리며 살아온 삶의 부정적 결과다. 삶의 주인으로 산다는 것은 사회인의 한 사람으로서 현실적으로 꽤 어려운 문제임에는 틀림이 없으나 그렇게 할 수 있다면 나 자신의 인생에 대한 만족도와 행복감은 틀림없이 올라갈 것이다. 가끔은 세상을 향한 소극적 반란을 꿈꾸며 내 마음대로 살고 싶을 때가 있다. 그런 마음을 외면하지 말고 어느 정도 받아들이며 살자. 그렇게 사는 것이 언제 올지 모르는 심리적 상실감에 대한 예방주사고, 바로 내 삶의 주인이 되는 길이라고 생각하는 것은 어떨까?

나의 인생, 그리고 삶의 기술
My Life, And The Art of Living

인생은 한 번뿐이고, 너의 인생도 끝나가고 있다.
그런데도 너는 네 자신을 존중하지 않고, 다른 사람들이 너를
어떻게 평가하느냐에 마치 너의 행복이 달려 있다는 듯이
다른 사람들의 정신 속에서 너의 행복을 찾고 있구나.

-마르쿠스 아우렐리우스, 『명상록』

생각을 바꾸면 세상이 달라진다

　세상만사가 내 뜻대로 이루어지지 않을 때, 세상을 바꾸는 것과 나 자신을 바꾸는 것 중 어느 것이 더 쉬울까? 세상을 바꾸는 것은 어렵지만 세상을 바라보는 자신의 생각을 바꿀 수는 있다. 그리고 생각을 바꾸면 우리가 보는 세상이 달라진다. 세상의 상식과 통념을 뒤집고 '지동설'을 주장했던 코페르니쿠스적 발상의 전환은 세계 역사의 흐름을 바꾸고 인류 문명의 발전에 커다란 동력이 되었다. 또한 스님에게 빗을 판다거나 알래스카 에스키모한테 냉장고 팔기 등은 발상의 전환 없이는 거의 불가능한 일이다. 이외에도 유방을 도와 항우를 물리치고 한(漢)나라를 세우는 데 있어 일등공신이자 토사구팽(토끼가 잡히면 쓸모가 없어진 사냥개도 잡아먹는다는 뜻)의 고사(古事)로 잘 알려진 최고의 명장 한신이 불과

2만 여의 군대로 20만의 적을 격파하기 위해 펼친 병법 '배수진'은 기존의 병법을 거부하고 발상의 전환으로 탄생한 새로운 개념의 전술이었고 이 때문에 전투에서 승리할 수 있었다. 이상의 사례들은 외부세계를 향한 적극적인 발상의 전환이라 할 수 있겠다.

한편 내면을 향한 생각의 전환 즉 마음 바꿔먹기 또한 개인의 삶에 있어 많은 변화를 가져올 수 있다. 요즘 아파트의 층간 소음 때문에 폭력, 살인으로까지 이른 사건이 심심찮게 발생하여 사회적으로 심각한 이슈가 되고 있다. 층간 소음을 경험해 본 사람은 그것이 얼마나 견디기 힘든 고통인지 잘 안다. 그런데 뜻밖으로 층간 소음 때문에 빚어진 미담이 있어 주변을 놀라게 하고 있는데 그 내용인즉슨 윗집 아이 엄마가 "아이들이 시끄러워 죄송하다"고 보낸 손 편지에 아래층 할아버지가 답신과 함께 빵까지 보내며 "혼자 외롭게 사는 늙은이에게는 시끄러움도 위안이 된답니다. 걱정하지 마세요."라는 말을 남겨 모처럼 사람들을 훈훈하게 만들었다는 얘기다. 또 다른 예로는 평소 위층에 홀로 사는 할아버지의 쿵쿵거리는 발걸음 소리에 불편을 겪던 아래층 할머니가 어느 날 그 소리가 들리지 않자 이상하게 여겨 경비실에 신고를 했고, 문을 따고 들어가 거의 죽기 직전에 가 있던 할아버지를 발견해서 목숨을 살렸다는 얘기를 어느 기사에서 본 적이 있다. 그야말로 생각을 바꾸면 흉흉한 비극적 요소도 아주 아름다운 이야기로 승화될 수 있는 것이다.

바꿀 수 없는 것들을 평온하게 받아들이는 은혜와 바꿔야 할 것을 바꿀 수 있는 용기,

그리고 이 둘을 분별할 수 있는 지혜를 허락하소서.

– 라인홀드 니부어의 기도문

    나를 힘들게 하는 것은 내가 처한 상황이 아니라, 그 상황에 대한 나의 생각이다. 내가 겪는 일들은 내가 불행으로 생각하지 않는 한 불행이 아니다. 중국 명나라 시대 홍자성이 저술한 '채근담'에도 이와 같은 의미로 "가난을 쫓아버릴 수는 없지만 가난을 근심하는 마음을 쫓아버리면 마음은 항상 안락할 수 있다"는 말이 있다. 나는 덥고 습한 무더위에 짜증이 나려고 하면 스스로를 이렇게 설득한다. "살아 있으니까 더운 것도 느끼는 것 아니겠어?" 전분세락(轉糞世樂)이다. 개똥밭에 뒹굴어도 저승보다는 이승이 낫다는 말이다. 생각을 바꾸면 스스로의 한계를 뛰어넘을 수 있다. 사람은 자신이 생각하는 모습대로 되는 것이다. 오늘 우리에게 생긴 일은 과거의 우리의 생각과 행위가 만들어낸 결과이며, 내일 어떤 일이 생길 것인가는 바로 오늘 어떠한 생각과 행동을 하는가에 달려 있다. 내일 자신의 다른 모습을 기대한다면 생각을 바꾸는 것이 우선이다. '생각이 바뀌면 행동이 바뀌고, 행동이 바뀌면 성품이 바뀌고, 성품이 바뀌면 운명이 바뀐다.' –윌리엄 제임스, 미국, 철학자

사람들은 누구나 세상이 바뀌기를 바란다.
하지만 정작 본인들이 바뀔 생각은 하지 않는다.

- 톨스토이

메멘토 모리! 어떻게 살 것인가?

메멘토 모리(Memento mori)는 "당신도 반드시 죽는다는 것을 기억하라"는 말이다. 옛날 로마에서는 원정에서 승리를 거두고 개선하는 장군이 시가행진을 할 때 노예를 시켜 행렬 뒤에서 큰소리로 "메멘토 모리!"를 외치게 했다고 한다. '전쟁에서 승리했다고 우쭐대지 말라. 오늘은 개선 장군이지만, 당신도 언젠가는 죽을 운명이니 교만에 빠지지 말고 겸손해라.' 이런 의미에서 생겨난 풍속이라고 한다. 메멘토 모리, '죽음을 기억하라' 이 말은 곧 '유한한 삶을 어떻게 살아야 할 것인가'로 연결된다. 그러나 사람들은 죽음을 기억하는 대신 오히려 죽음에 대해 언급하는 것을 금기시하고 죽음을 애써 외면하거나 삶과 떼어놓으려 하면서 의도적으로 멀리해왔다. 그래서 오늘날 죽음은 누군가의 장례식장에 들러 잠시 마주한 후 장례식장에서 벗어나는 순간 곧 잊히곤 하는 것이 되고 말았다. 하지만 죽음을 외면하고 산다는 것은 마치 손으로 태양을 가리는 것이며, 그런다고 해서 죽음을 피할 수 있는 것도 아니다. 죽음을 기억하라는 것은 영원히 살 것처럼 착각하며 탐욕스럽게 덧없는 욕망을 추구하면서 그것에 집착하지 말라는 경계의 말일 수도 있다.

> 현대 사회는 의도적이든 아니든 죽음을 우리 삶과 철저하게 분리한 채 우리에게 죽음의 민낯을 보여주지 않는다. 그렇기 때문에 죽음을 생각해본 적도 없게 되고, 삶을 그저 닥치는 대로 살면서 일시적인 위안과 위로에 현혹되기 쉽다.
>
> – 법의학자 유성호 서울대 교수

죽음이 있기에 삶은 의미가 있고 더욱 소중하다. 죽음은 현재를 선물처럼 여기고 감사하면서 매순간 충실한 삶을 살기 위하여 반드시 기억해야 할 대상이다. 죽음을 생각하면 우리가 중요하게 생각하는 많은 것들이 사실은 부질없는 것임을 깨닫게 해주고, 우리가 행복을 누리며 사는 데는 결코 많은 것이 필요하지 않다는 것을 알 수 있다. 또한 죽음 앞에서는 우리가 두려워하고 걱정하는 것들 대부분이 그 의미를 잃을 것이다. 죽음은 삶에서 진짜 중요한 것이 무엇인지를 깨닫도록 해준다.

죽음을 앞둔 사람에게 가장 소중한 것은 아마도 평범한 일상일 것이다. 오늘은 어제 죽은 이들이 그토록 살고 싶어 했던 날이라는 말이 있듯이, 시간을 헛되이 보내지 말아야겠다. 그러나 사람들은 언젠가 죽는다는 사실을 잊고 영원히 살 것처럼 살기에 당장 해야 할 일도 아주 쉽게 뒤로 미루게 되고, '지금 여기'의 소중함을 망각하고 내일의 준비와 어제의 기억 속에 갇혀 산다. 하지만 한 치 앞도 모르는 게 인생인지라 바로 지금이 중요하다. 삶의 유한(有限)함은 우리에게 주어진 시간들을 최대한 아끼고 가치 있는 곳에 쓰며 살아야 한다는 사실을 일깨워 준다. 다른 사람들의 시선에 얽매여 내가 아닌 다른 사람의 삶을 살거나, 사소한 것에 시간을 낭비하는 것은 죽음 앞에서 그야말로 무의미한 일이다.

    유한한 삶을 사는 인간은 세상에 잠시 다녀가는 나그네와 같은 존재다. 나그네에게는 그다지 많은 것이 필요 없다. 그러나 죽음을 기억하지 못하고 나그네의 삶을 망각한다면 헛된 욕망의 노예가 되어 행복에 이를 수 없다. 더욱이 욕심과 집착을 비우지 못하면 미련이 많이 남아 이 세상을 떠나기가 쉽지 않다. 위대한 정복자였던 알렉산더 대왕(B.C 356~B.C 323)은 젊은 나이에 죽으면서 유언을 남겼는데 "내가 죽거든 관 밖으로 두 손을 내놓아 남들이 볼 수 있도록 하라"는 것이었다. 그러면서 "천하를 차지했던 알렉산더도 떠날 때는 빈손으로 간다는 것을 세상 사람들에게 보여주기 위함이오."라고 했다. 유언이 비범한 것을 보니 그가 아리스토텔레스의 제자였기 때문일까?

    어디까지나 이승은 잠시 거쳐 가는 곳, 그러니 가진 것을 베풀면서 선(善)한 말과 행동으로 선업(善業)을 쌓고 봉사함으로써 이 세상에 작은 돌이라도 하나 놓고 가는 것이 훨씬 의미 있는 일이 아닐까?

나의 인생, 그리고 삶의 기술
My Life, And The Art of Living

인생유전, 새옹지마의 이치

　세상은 돌고 돈다. 실제로 지구는 23.5도의 기울기로 계속 돌고 있다. 지구의 자전으로 밤과 낮이 교대로 오고 가며, 공전에 따라 계절이 바뀌고 1년마다 다시 돌아온다. 자전 속도는 1초에 약 430m, 시속 1,600km, 태양의 주위를 도는 공전 속도는 1초에 30km, 시속 11만km로 전혀 상상이 안 되는 엄청 빠른 속도이다. 그럼에도 전혀 지구의 움직임을 느낄 수 없고 어지럽지도 않다. 사람은 자신의 의지로 세상에 온 것은 아니지만 삶을 부여받은 순간 이처럼 경이로운 우주에서 살도록 선택된 것이며 그것은 축복이자 행운이라 할 수 있다. 그런데 사람들은 어떻게 이렇듯 어마어마한 우주공간에 살면서도 그 사실을 잊고 우주에서도 아주 작은 행성인 이곳이 마치 온 세상인 것처럼 착각하며 영원히 살 것처럼 헛되고 헛된 욕망을 좇으며 아웅다웅하고 살아가는 것일까?

"사람들이 우주(관련 서적)에 관심을 갖는 이유는
우주에서 자신의 위치를 확인하고
삶의 의미와 가치를 찾는 데 도움이 되기 때문일 것이다"

-Brian Cox, 『경이로운 우주』 중에서

　사람 사는 세상도 마찬가지로 돌고 돈다. 꽃은 피고 지고, 오래된 생명은 사라지고 새로운 생명이 탄생하는 삶의 순환이 계속된다. 세월이 가면 음지가 양지 되고, 양지가 음지 된다. 또한 화무십일홍이요 권불십년(花無十日紅, 權不十年)이라, 열흘 가는 꽃이 없고 십년 가는 권력이 없다. 흥망성쇠의 세상 이치는 계절의 변화처럼 반복을 계속한다. 제행무상(諸行無常)이라, 세상에서 변하지 않고 영원한 것은 없으며, 영원하고자 하는 욕망이 있을 뿐이다.

인생유전(人生流轉)이란 어제의 빈곤에 대한 망각이 오늘의 교만을 낳고 다시 내일의 빈곤으로 이어지는 이치를 말한다. 우리나라에서 지금 세대가 누리는 경제적 풍요는 오로지 가난의 대물림만은 피하려고 애쓴 앞선 세대의 희생과 노력의 산물이다. 현 세대가 이를 망각하고 교만에 빠지면 다음 세대는 다시 빈곤의 유산을 물려받게 될 것이다. 이는 세계 여러 국가에서 사실로 증명되고 있으며, 기업과 개인에게도 똑같이 해당되는 내용이다. 중국 역사상 가장 뛰어난 군주이자 태평성대를 이끈 당태종(599년~649년)의 신하인 위징은 창업(創業)보다 수성(守城)이 어렵다면서 "임금의 자리는 간난(艱難)속에서 어렵게 얻어 안일(安逸)속에서 쉽게 잃는 법입니다. 따라서 수성이 더 어려운 일입니다."라고 했다. 살아가는 데 있어 세상의 이치와 자연의 섭리를 이해하고 그에 순응하며 여기에서 삶의 의미를 찾고자 노력하는 것이 지혜롭고 현명한 방법이라 생각된다.

> 빈천은 근검을 낳고, 근검은 부귀를 낳고,
> 부귀는 교만과 사치를 낳고, 교사는 음일(淫佚, 방종과 나태)을 낳고,

음일은 다시 빈천을 낳는다.

여섯 가지 길이 쳇바퀴처럼 돈다.

– 청나라 진홍모(1474~1555)

　　인생지사 새옹지마(人生之事 塞翁之馬)란, 인생의 길흉화복은 변화가 많아서 인간이 쉽게 예측할 수 없으니 눈앞에 벌어지는 결과만을 가지고 너무 연연해하지 말라는 뜻이다. 새옹지마란 '변방에 사는 노인의 말(馬)'이란 뜻인데 그 말(馬)로 인해 복(福)이 화(禍)가 되기도 하고 거꾸로 화가 복이 되기도 한다는 고사(古事)에서 나온 말로 인생의 모든 길흉화복에 함부로 낙관하거나 비관하지 말라는 의미가 담겨있다. 이 말은 나쁜 일을 당했을 때는 위로가 되나, 좋은 일에는 자만을 경계하는 내용이다. 미국에서 로또 1등 당첨자를 조사했더니 90%는 불행해졌고 10%만이 행복한 상태를 유지하고 있다고 한다. 거액의 당첨금을 받고도 변함없이 행복을 유지하는 사람들은 당첨되기 전과 거의 같은 생활 태도를 유지하면서 기부를 통해 선행을 베푸는 사람들이었다. 돈을 잘못 다루면 행운이 오히려 불행의 씨앗이 된다는 사실이 이들 사례에서 확인이 된다. 길흉화복은 그야말로 하늘의 뜻이니 사람의 힘으로 어찌할 수 없는 문제이며, 다만 인간이 할 수 있는 것은 길흉화복을 대하는 생각과 태도이다. 좋은 일은 겸허하게 받아들이고 감사하며, 불행 앞에서는 절망하거나 고개 숙이지 말고 그 의미를 발견하고 새로운 길을 찾는 기회로 받아들이면 좋을 것이다.

나의 인생, 그리고 삶의 기술
삶의 기술

인생유전의 교훈은 흥망성쇠의 세상 이치를, 새옹지마는 길흉화복을 대하는 인간의 바람직한 태도를 전하고 있다. 그런데 한 가지 흥미로운 것은 사람의 운명을 감정하는 데 있어 '사주팔자보다 심상(心相)이 최고다' 라는 말이 있는데, 마음을 갈고 닦으면 타고난 운명도 바꿀 수 있다는 의미로 해석할 수 있다. 이와 유사한 뜻으로 '생각이 바뀌면 운명이 바뀐다.' 는 말도 있는데 모두 공통적으로 강조하는 것은 삶을 대하는 생각과 태도이다. 좋을 때는 교만과 방종을 경계하고 나쁠 때는 긍정적인 희망을 잃지 말아야 한다. 좋은 일과 나쁜 일이 순환하는 것이 인생이고, 행복과 불행은 늘 교대로 우리를 찾아온다. 채근담(菜根譚)에서는 '고락이 서로 접하고 교대하는 가운데 심신이 연마되어간다'고 했다. 좋은 일이든 나쁜 일이든 영원한 것은 없고 이 모두 곧 지나갈 것이다. 인생에서 고난을 피할 수는 없으며, 고난도 인생의 일부라는 것을 잊고 언제 고난이 찾아올지 몰라 불안해하는 것은 어리석은 일이다. 마찬가지로 좋은 일이 그치지 않고 계속되기를 바라는 마음 역시 헛된 집착일 뿐이다.

세상살이에 곤란이 없기를 바라지 마라.
세상살이에 곤란이 없으면 오만한 마음과 사치한 마음이 일어난다.
근심과 곤란으로써 세상을 살아가라

-「보왕삼매론」

나의 인생, 그리고 삶의 기술
My Life, And The Art of Living

관계의 기술

사람은 태어나면서부터 죽을 때까지 가족, 친구, 직장 동료, 이웃 등 다른 사람들과 다양한 관계를 맺고 살아간다. 일반적으로 사람들의 관계는 한참 활동할 시기에는 일, 직장을 위주로 형성되다가 그 후 현업에서 은퇴하고 나이가 들면 어린 시절이나 학창시절에 맺어진 친구들 곁으로 돌아간다. 사람이 산다는 것은 누군가를 만나는 일이며, 일생동안 경험하는 것들의 대부분이 사람과의 일이기도 하다. '人間'이라는 말 자체도 사람은 사람 사이에서 관계를 맺으며 산다는 의미를 내포하고 있다. 훗날 어떤 사람이 되는가는 지난날 평소에 누구와 함께 했는가에 달려 있다. 이와 같은 의미로 '근묵자흑(近墨者黑), 마중지봉(麻中之蓬)'이란 말이 있는데 이를 해석하면, 먹을 가까이 하면 자신도 모르게 검어지고, 삼밭의 쑥은 삼을 따라 자라기 때문에 곧게 자란다는 것으로 즉 좋은 환경에서 자라면 악한 사람도 선량해진다는 뜻이다. 사람은 인연에 의해서 만나고 인연에 따라 곁에 머물게 되며 결국 가까이 있는 사람들이 내 인생의 일부가 된다. 좋은 일도, 나쁜 일도 모두 함께 나누면서 인생길을 동행하는 것이다. 지금 현재 만나는 사람이 가장 소중한 사람이며, 삶에서 만나는 모든 인연을 소중하게 생각해야 하는 이유다.

국내 영화에서 주인공이 양복 안주머니에서 도톰하고 오래 묵은 수첩을 꺼내며 "이게 10억짜리 수첩이다" 하고 자랑하는 장면이 나온다. 어려운 문제가 생길 때마다 그 수첩에 있는 인물들을 통하면 안 되는 일이 없다. SNS에서 유명인과 친구를 맺고 이를 과시한다거나, 주말이건 휴가 때건 상관없이 인맥 관리 때문에 메신저나 SNS를 손에서 놓지 못하는 것은 과연 바람직한 관계의 모습일까? 사람은 언젠가 닥칠 자신의 경조사가 외로울까 두려워 각종 모임에 부지런히 참석한다는 말도 있다. 아마도 주말마다 도심에서 벌어지는 교통 체증의 이유가 경조사 때문일 것이라는 추측에 수긍이 간다. 사람들은 고독을 두려워하며 외로움에서 벗어나기 위한 방법으로, 내면에 대한 성찰에 공(功)을 들이기보다는 외부 모임에 부지런히 참석하는 것으로 대신하려는 것 같다. 이것이 오늘날 우리들의 모습이자 현실이다. 한비자(B.C 약 280~233년)는 사람은 근본적으로 이기적이며, 사람을 움직이게 하는 힘은 이익이므로 사람과의 모든 관계는 이해타산에 의해서 좌우된다고 주장하였다. 우리는 살아가면서 어쩔 수 없이 이러저러한 이해관계에 얽힌 관계를 맺는다. 그러나 이해타산에 의한 관계는 그 동력인 이해(利害)가 소멸되면 관계도 따라서 멈추게 될 것이다. 결국 인간관계는 양보다 질이 중요하다는 것을 부인할 사람은 없을 것이다.

인간관계에서 중요한 것은 관계의 거리와 깊이이다.

얕은 관계가 많다고 인생이 풍요롭지 않다.

소수에 불과하더라도 가깝고 깊은 관계가 삶을 풍요롭게 한다.

― 기시미 이치로, 『미움 받을 용기』중에서

인간관계는 불가근불가원(不可近不可遠)이란 말처럼 '적당한 거리 두기'가 필요하다. 우리말에 '사이가 좋다'는 말이 있는데 여기서 '사이'(間)란 거리를 뜻하므로 이를 '거리가 좋다'는 말로 바꿀 수도 있는데 이것은 사람 간의 적절한 거리를 의미한다. 너무 가까워도 탈이 나고 너무 멀어도 문제가 되는 것이 인간관계다. 상대를 멀리서 보면 좋아 보이지만 가까이 가서 보면 실망하게 될 수도 있다. 또 너무 가깝다 보면 상대에 대한 집착이나 간섭이 생길 수 있고 그러다 보면 서로에게 불편하면서 상처를 줄 수도 있다. 가까운 친구 사이라도 막 대하다 보면 꼭 탈이 생기는 법이며 부부관계도 마찬가지다. 반대로 관계가 너무 멀어지면 관심이 점점 줄어들어 소원(疏遠)해질 것이다. 적당한 거리를 유지하는 것이야말로 건강한 관계를 오래 지속시킬 수 있는 비결이다.

좋은 관계를 유지하기 위해서는 상대가 좋아하는 것을 해주는 것보다 싫어하는 것을 하지 않는 것이 더 중요하다고 할 수 있다. 인간은 좋은 일은 쉽게 잊어버리지만, 나쁜 일은 오래 기억하기 때문이다. 이와 관련하여 예수는 "남에게 대접받기를 원하는 대로 너희도 남을 대접하라"고 했는데 이를 '황금률'이라고 한다. 또한 동양의 공자는 '내가 원하지 않는 일을 남에게 행하지 말라(己所不欲 勿施於人)'고 하였다. 표현 방식은 다르지만 모두 남을 대하는 데 있어 상대에 대한 배려와 존중을 강조하고 있다. 또한 다른 사람과 잘 지내려면 역지사지(易地思之)로 그 사람의 입장에서 생각해볼 줄도 알아야 한다. 사람은 누군가가 자신을 이해해준다고 생각할 때 감동을 받는다. 이외에도 기대가 클수록 실망도 커지므로 상대에 대한 기대감을 미리 낮추는 것도 현명한 방법이다.

"정신없이 시간을 보내고 나이를 먹으니 내가 알던 많은 사람들, 사랑했던 사람들이 하나 둘 세상을 떠났다.
그제야 난 깨달았다. 매 순간이 얼마나 소중한 것인지를.
사랑하는 사람들과의 진실한 관계야말로 우리 삶의 진정한 축복이라는 사실을 뒤늦게 알게 되었다." (86세 노인)

- 칼 필레머, 『내가 알고 있는 걸 당신도 알게 된다면』 중에서

소통의 핵심은 경청이다

소통은 막히지 않고 잘 통한다는 뜻이다. 영어로 소통하다는 뜻의 communicate의 뜻을 보면 생각이나 느낌을 전달하고, 서로 마음이 통한다는 의미를 담고 있다. 우리는 소통을 통해서 서로를 이해하고 공감할 수 있다. 소통의 진정한 의미는 내가 하고 싶은 말을 하는 것이 아니라 상대가 하고 싶은 말을 들어주는 데 있다. 누군가가 내게 얘기를 하는

이유는 어떤 대답을 기대하기보다는 그저 속에 있는 것을 털어놓고 싶어서다. 사람들은 자신의 얘기를 잘 들어주고 호응해주는 사람을 편하게 생각하고 고마움을 느끼며 더 자주 얘기하고 싶어 한다. 따라서 소통의 핵심은 '경청'(敬聽)에 있다고 할 수 있다.

귀는 친구를 만들고 입은 적을 만든다.

-탈무드

경청은 단순한 듣기를 넘어 상대방의 의도를 정확하게 이해하는 것을 포함한다. 그래서 경청을 귀로 듣는 것이 아니라 '마음으로 듣는 것'이라고 한다. 그러기 위해서는 먼저 마음속에 자리 잡고 있는 선입견과 아집을 비워야 한다. 그렇지 않으면 상대가 말하고자 하는 바를 왜곡하여 자기 뜻대로 해석할 수 있다. 상대를 이기는 최고의 토론 방법은 경청이라는 말이 있는데 때로는 백 마디 말보다 경청이 중요하다. '성공하는 사람들의 7가지 습관'의 저자인 스티븐 코비는 성공하는 사람과 그렇지 못한 사람의 대화 습관에는 뚜렷한 차이가 있으며 그것은 바로 경청하는 습관이라고 했다. 작고한 한국 최대 그룹의 창업주는 아들인 부회장에게 '경청'이라는 휘호를 써주며 '자신의 말을 아끼고 남의 말에 귀 기울이는 것'이 바로 리더가 해야 할 일이라고 말한 것으로 전해진다. 또 논어에는 이청득심(以聽得心)이란 말이 나오는데 '사람의 마음을 얻는 최고의 방법은 남의 말을 귀 기울여 경청하는 일'이라는 뜻이다. 한편 우리 사회에는 여전히 남의 말에 귀 기울이려는 노력보다는 목소리 큰 사람이 득세하는 경향이 있다. 경청은 실로 어렵고 많은 인내심을 필요로 하는 일이다.

 소통 능력은 조직의 리더에게 요구되는 주요 자질중의 하나다. 대기업의 CEO나 정치 지도자들은 모두 한결같이 소통을 강조한다. 부서간의 장벽이나 이기주의에 막혀 소통이 원활하지 않은 기업은 경영 위기를 맞게 될 수도 있다. 정부도 마찬가지다. 미국의 전설적인 CEO 잭 웰치는 "같은 얘기를 10번 이상 하지 않으면 한 번도 안 한 것과 같다"고 말했다. 중요한 사항은 귀에 딱지가 앉도록 자주 말해야 한다는 것이다. 애플 창업자인 고(故) 스티브 잡스는 독선적이고 남의 말을 잘 듣지 않는 성향으로 다른 경영진과의 마찰을 초래하고 애플에서 퇴사하였는데, 후에 복귀하면서 예전에 경영 파트너들의 의견을 귀담아 듣지 않고 화합하지 못한 데 대한 자책 때문인지 자신을 CLO 'Chief Listening Officer'(최고 경청자)라 불러달라고 했다. 이외에도 일본 경영의 신으로 불리는 마쓰시다 고노스케는 경청은 7, 발언은 3의 비율이 좋다고 하면서 경청의 중요성을 강조한바 있다.

 경영은 소통, 소통, 또 소통이다.
 사람의 마음을 모으고 움직이는 일이 곧 소통이기 때문이다.

− 잭 웰치, 미국 제너럴일렉트릭(GE) CEO

원활한 소통을 위해서는 자신의 의사를 분명히 표현하는 것이 중요하다. 그렇지 않고 상대가 나의 마음을 미리 알아서 배려해주기를 기대해서는 안 된다. 아무 말도 하지 않고 잠자코 있으면 누구도 자신의 생각을 알 수가 없다. 또 자신의 입장을 에둘러 간접적으로 표현하는 것을 겸손의 미덕으로 생각하는 사람도 많지만, 이는 잘못하면 불필요한 오해와 갈등의 소지가 된다. 소통의 문제는 세대, 관계, 소속 등을 따지지 않고 어디서나 항상 존재한다. 사회생활에서는 물론이고 가족들 간에도 소통은 매우 중요하다. 자녀교육에 있어서도 부모에게 있어 가장 효과적인 수단은 대화뿐이다. 끊임없는 대화를 통해 아이들과 소통하며, 스스로 삶의 주인공으로 성장하도록 돕는 것이 부모의 중요한 역할이다. 가족들과 대화 시간을 따로 내는 것이 쉽지 않을 때 함께 모여 밥 먹는 시간에 이루어지는 '밥상머리 교육'은 부모와 함께 식사를 하면서 세상을 사는 지혜, 예절 등 인성을 배우는 유용한 방법이다. 유대인의 가정교육은 식탁에서 이루어진다. 그들에게 식사시간은 대화의 시간이자 화해의 시간이기도 하다. 한국에서도 모(某) 재벌가(家)는 밥상머리 교육을 무엇보다 중시했고 매일 새벽 5시에 온 가족이 함께 모여 아침을 들면서 경영수업을 했던 것으로 알려져 있다.

지혜는 듣는 데서 오고 후회는 말하는 데서 온다.

-영국 격언

말을 아끼고 조심하라

　말에는 책임이 따른다. 글은 썼다가 고칠 수 있지만 말은 한번 내뱉으면 다시 주워 담을 수 없다. 혀는 가장 짧으면서 가장 위험한 무기라고 한다. 말 한마디로 상대방에게 시간이 지나도 씻을 수 없는 깊은 상처를 줄 수 있기 때문이다. '들은 귀는 천 년이요 말한 입은 사흘'이라는 말이 있다. 말한 사람은 금세 잊어버리지만 그 말을 들은 사람은 두고두고 잊지 못한다는 의미다. 그런가하면 말 한마디에 천 냥 빚을 갚기도 하고, 혀를 잘못 놀려 평생 쌓아 올린 공든 탑이 하루아침에 무너지기도 한다. 구설수란 말로 인해 어려움을 겪는 것을 뜻하는데 유명인사가 단지 말 한마디로 한방에 훅 가는 경우도 있으며, 때로는 입방정으로 인해 어려운 상황을 자초하는 경우도 종종 볼 수 있다. 말을 많이 하다보면 실수할 확률이 그만큼 높아지니 말은 아끼는 것이 좋다. 삼사일언(三思一言)이란 세 번 생각하고 한 번 말한다는 뜻인데, 말을 할 때는 신중히 생각한 후에 조심히 해야 함을 이르는 말이다.

　생각을 조심하라, 말이 된다./ 말을 조심하라, 행동이 된다.
　행동을 조심하라, 습관이 된다./ 습관을 조심하라, 성격이 된다.
　성격을 조심해라 운명이 된다./ 우리는 생각하는 대로 된다.

- 마가렛 대처, 영국 수상

안다고 다 말하는 것은 위험을 자초한다. 자신의 속내를 함부로 드러내는 것은 다른 사람들의 집중 견제를 부르기 때문이다. 한 예를 들자면, 삼국지의 '양수'의 사례가 있다. 조조는 유비와 한중이라는 지역을 두고 치열한 공방전을 벌이고 있었으나 앞으로 나아가기도 물러서기도 어려운 상황이었다. 그러던 어느 날 조조가 저녁 식사를 하던 중 한 장수가 들어와 그날 밤의 군호(軍號)를 물었고, 조조는 마침 닭갈비를 먹고 있던 중이라 무심코 '계륵'(닭갈비)이라고 말했다. 장수가 돌아와 군호를 하달하자 '양수'는 얼른 그 뜻을 알아차리고 부하들에게 철수 준비를 시켰다. 이를 이상하게 여긴 장수가 그 이유를 묻자 양수는 "계륵, 즉 닭의 갈비란 먹자니 먹을 것이 없고 버리자니 아까운 것인데 지금의 싸움이 그렇다. 아마 곧 철수 명령이 떨어질 것이다."라고 답했다. 이 말을 전해들은 조조는 자신의 심중을 그대로 꿰뚫어 본 양수를 위험하게 여겨 군(軍)을 어지럽힌 죄로 참형에 처하고 곧 철수 명령을 내린다. 알면서도 침묵이 필요할 때 자신의 생각을 여과 없이 드러낸다는 것이 얼마나 위험한지 알게 해주는 사례다. 노자는 도덕경에서 '지부지상(知不知上)부지지병(不知知病)' 즉 '알면서도 알지 못하는 것처럼 행동하는 것이 훌륭한 태도이며, 알지 못하면서도 아는 체하는 것은 병이다.'라고 했다.

말하기 좋다 하고 남의 말을 말을 것이
남의 말 내 하면 남도 내 말 하는 것이
말로써 말 많으니 말 말을까 하노라

― 김천택, 청구영언(靑丘永言)

말에는 힘이 있다. '나는 할 수 있어'와 같은 긍정적인 말은 긍정적 결과를 가져오고, 반대로 '난 할 수 없어'와 같은 부정적인 말은 사람의 기(氣)를 부정적인 쪽으로 흐르게 하는 힘이 있다. 우리는 열일곱 살이 될 때까지 '아니, 넌 할 수 없어'라는 말을 '그래, 넌 할 수 있어'라는 말보다 30배를 더 듣기 때문에 '난 할 수 없어'라는 믿음이 마음속에 강하게 자리 잡는다는 주장도 있다. -존 아사리프 & 머레이 스미스, The answer 중에서- '죽겠다'는 말을 입에 달고 살다보면 실제로 삶도 힘들어질 수 있다. 우리의 뇌는 실제와 상상을 구분하지 못하므로 부정적인 말을 하면 뇌는 그 말을 사실로 받아들이고 현실을 그렇게 만들어간다고 한다. 이처럼 언어 습관은 매우 중요하므로 행복한 인생을 위해서는 부정적인 언어 습관을 지양하고, 긍정적인 언어를 의식적으로 선택해서 사용하려는 노력이 필요하다.

내가 부자가 된 비결은 다음과 같다.
나는 매일 스스로에게 두 가지 말을 반복한다.
그 하나는 '왠지 오늘은 나에게 큰 행운이 생길 것 같다'이고
또 다른 하나는 '나는 무엇이든 할 수 있다'라는 것이다.

- 빌 게이츠

    말은 자신의 생각을 밖으로 표현하는 것이어서 말하는 사람의 품격을 드러낸다. 말하는 방식이나 말투 또한 중요하다. 우리말에는 '아' 다르고 '어' 다르다는 말이 있다. 같은 말이라도 어떻게 말하는가에 따라 듣기에 좋은 말이 되기도 하고 듣기 싫은 말이 되기도 한다. 그런가 하면 맞는 말도 싸가지 없게 말하는 사람이 있다. 잘못된 말투와 태도는 말하는 사람의 인격을 의심하게 만들며 비호감을 부른다. 그래서 말의 내용 못지않게 중요한 것이 말투나 태도라고 할 수 있다. 한편 직장인들에게 상사에 대한 뒷담화만큼 재미있고 스트레스 풀기에 좋은 소재는 드물다. '없는 데서는 나라님도 욕한다.'는 옛말도 있지만 당사자가 사실을 알게 되면 감당하기 어렵다. 또한 뒷담화를 습관적으로 하면 상대에게 '이 사람은 내가 없는 데서 나에 대한 험담도 하겠구나.'라는 경계심과 부정적 인식을 심어준다는 것을 알아야 한다. 끝으로 어눌하더라도 진심을 담아 말하는 것이 중요하며, 말한 것은 지키려고 노력해야 한다. 주변 사람들로부터 '아무개가 하는 말은 믿을 수 있어'라는 평가와 신뢰를 얻는 것은 매우 중요한 일이다.

화와 분노를 다스리는 법

　요즘 분노조절장애 때문인지 화를 조절하지 못해서 사회적 물의를 일으키는 사람들을 가끔 뉴스에서 보곤 한다. 묻지 마 폭행, 보복운전이나 아파트 층간 소음으로 인한 다툼도 모두 순간적인 화와 분노를 참지 못해 벌어지는 현상이다. 살면서 억울한 일을 당하거나 섭섭할 때, 자존감에 상처를 받았을 때, 또는 지나고 보면 아무것도 아닌 일인데 갑자기 짜증이 나면서 '욱'할 때 등 이러저러한 일로 화날 때가 많지만, 화를 내고나면 시원하다는 느낌보다는 '그때 내가 왜 그랬을까? 조금 더 참았으면 좋았을 것을' 하고 후회하게 되는 것이 일반적이다. 그런데 신경정신과 전문의에 의하면 '화와 분노도 중독이 된다.'고 한다. 멀쩡하던 사람이 운전대만 잡으면 차 안에서 다른 운전자를 향해 욕을 하고 마치 딴 사람이 된 듯한 모습을 보면 그 말이 이해가 된다. 화를 표현하는 행태는 사람마다 다양해서 어떤 이는 별것 아닌 일에 버럭버럭 소리를 지르거나 불같이 화를 내기도 하고, 웬만해서는 화를 내지 않는데 한번 화를 내면 무서운 사람도 있다. 그리고 다른 사람들에게는 화를 잘 내지 않으면서도 가까운 가족들에게는 툭하면 화를 내며 못살게 구는 사람도 있다. 사람은 감정의 동물이므로 누구나 화를 낼 수는 있지만 홧김에 많은 실수를 반복하고, 잘못하면 다른 이들의 가슴에 대못을 박거나 본인 또한 평생을 후회하며 살 수 있다. 따라서 분노를 적절히 다스리는 기술은 매우 중요하다.

분노는 다른 사람에게도 피해를 끼치지만
분노를 드러낸 당사자에게는 더 많은 피해를 끼친다.

- 톨스토이

　화를 내면 누가 힘들까? 부처는 "분노에 매달리는 것은 누군가에게 던지기 위해 뜨거운 석탄덩어리를 손에 쥐고 있는 것과 같다. 결국 화상을 입는 것은 자신이다."라고 했다. 이를 바꿔 표현하면, 분노를 내려놓는 것은 상대방이 아닌 바로 나 자신을 위하는 것이다. 누군가를 미워하고 원망하면 가장 힘든 사람은 자기 자신이다. 그래서 상대를 용서하는 것은 결국 자신을 위한 행위가 된다. 불가에서는 분노를 삼독(三毒), 즉 사람의 마음을 해치는 세 가지 번뇌(貪瞋痴, 탐진치 : 탐욕, 분노, 어리석음) 중의 하나로 들고 있다. 그리고 성경에는 '화를 해가 지기 전에 풀어야 한다'는 말이 있는데 화를 오래 끌고 가는 것은 좋지 않다는 뜻이다. 그렇지 않으면 잠자는 동안에도 우리 영혼은 편히 쉴 수 없을 것이다. 어쩔 수 없이 화가 나는 상황에서는 우선 그 자리를 피하는 것이 상책이다. 그러고 나서 심호흡을 깊게 하거나 걸으면서 마음을 가라앉히도록 한다. 잠시 상황을 벗어나 흥분상태를 이완시키는 것이다. 다음에는 화를 낸다면 이후에 결과가 어떻게 될지 생각해보고, 화난 자신의 모습을 제3자의 입장에서 객관적으로 바라보는 것이다.

나의 인생, 그리고 삶의 기술
삶의 기술

> 분노는 산(acid)과 같아서 퍼붓는 대상보다는 그것이 담긴 그릇에 더 큰 피해를 줄 수 있다
>
> -간디

화를 내는 것도 문제지만 화를 가슴속에 쌓아두는 것도 좋지 않다. 화를 일으키는 상황에 대한 성찰과 이해 없이 무조건 참는 것은 문제가 커질 수 있다. 화가 완전히 분해되어 없어지지 않고 잠시 억지로 눌러 놓은 것이기에 후에 비슷한 상황이 되면 한꺼번에 폭발할 소지가 높다. 밖으로 표출하지 못한 분노는 내면으로 향해 혈압, 수면, 심장 등에 문제를 일으키거나 심리적 문제를 야기할 수도 있다고 한다. 그러므로 분노를 적절히 관리하고 다스리는 기술이 필요한데, 분노가 계속 쌓이기 전에 분출구를 찾는 것이 지혜로운 방법이다. 즉 큰 병을 피하기 위해 미리 예방주사를 맞아두는 것처럼, 화가 잔뜩 쌓이기 전에 조금씩 밖으로 내보내는 것이다. 그러기 위해서는 상대방을 기분 나쁘게 하지 않으면서도 자신의 의견을 잘 전달하는 훈련이 가장 좋고, 평소에 웃을 기회를 자주 만들어 마음속에 쌓인 것을 분출하는 방법도 도움이 된다. 그밖에 인간은 누구나 불완전하다는 것을 이해하고 상대에 대한 기대감을 낮추는 것도 필요하다. 고(故) 틱낫한 스님은 "화는 마치 보살핌을 간절히 바라는 우는 아기와 같아 마음으로 보듬어 안고 달래주라"고 하며, 울고 있는 화의 원인을 밖이 아니라 자신 안에서 찾으라고 충고한다.

3) 풍요로운 삶을 위하여

여백이 있는 삶

　돈, 사회적 지위나 명예와 같은 것이 곧 풍요로운 삶을 보장하지는 않는다. 풍요로운 삶은 물질적인 것이나 외형적인 것만으로 이루어지지 않는다. 그리고 부유한 것과 풍요로운 것은 분명히 다르다. 먼저 자신이 주인이 되는 삶이 되어야 풍요로운 인생을 살 수 있다. 사람이 욕망에 현혹되면 진정 뭣이 중한지를 잊어버리고 주객이 전도되어 욕망의 노예가 되기 쉽다. 더 많이 갖는다는 것이 그만큼 더 행복하게 해주지 못한다는 사실에도 불구하고, 대부분의 사람들은 더 많이 갖기 위해 애를 쓰고 그 대가로 삶의 소중한 부분들을 포기하는 행태를 반복한다. 이러한 현상은 많이 가질수록 풍요롭고, 풍요로우면 당연히 행복할 것이라고 착각하기 때문에 발생한다. 그러나 주변에서 보통 사람으로는 상상하기 힘들 만큼 막대한 부를 축적했거나 명예를 쌓은 사람들의 삶을 들여다보면 그다지 행복해 보이지 않는다. 남들의 부러운 시선과 존경을 받고 산다는 것은 다른 각도에서 보면 꽤나 불편하고 신경이 쓰이는 자유롭지 못한 삶이라고 할 수 있기 때문이다. 욕심을 줄이고 조금 덜 가지면 어떠한가? 내가 가진 것에 만족하는 사람이 진정한 부자다. 덜 기대하고 적은 것에 만족할 줄 안다면 마음의 여유가 생기고 삶은 풍요로워진다.

나는 내 인생에 넓은 여백이 있기를 원한다.

-소로우, 『월든』 중에서

여백이란 단어에서는 '여백의 미(美)'나 '여유로움' 등의 의미가 느껴진다. 동양화에서는 여백을 중요하게 여기는데, 그림을 감상하는 사람은 채워진 부분을 통해 비어 있는 부분을 연상하고 그 과정에서 흥미로움을 느낀다. 그런데 여백은 단순히 비어 있는 공백과는 달리 의도적으로 남겨둔 빈 공간을 의미한다. 만약 도시에 빈 공간이 없이 아파트와 빌딩 숲으로만 가득 차있다면 얼마나 답답할까? 공원, 광장 등 도시의 여백은 휴식과 재충전을 위한 공간이다. 인생도 마찬가지로 최고가 되기 위해 한 치의 여유도 없이 바닥까지 힘을 짜내다 보면 풍경의 즐거움도, 다른 가치도 놓쳐버리고 만다. 또한 너무 완벽한 인생을 살기 위해 무리하게 되면 지나친 긴장으로 에너지가 고갈되어 심리적, 육체적 소진 상태인 '번 아웃(burnout)'을 초래하여 건강을 해칠 수도 있다. 운동 경기에서도 오버 페이스(over pace)하게 되면 목적지에 도달하기도 전에 탈진하여 중도에 탈락할 수도 있다. 넘치는 것은 모자람만 못하다는 것이다. 애면글면 경쟁하며 최고가 되는 노력을 조금 덜어내어 여유를 갖고 살게 되면 많은 것을 보고 느끼고 즐기는 풍요로움을 누릴 수 있게 될 것이다.

실수와 불행은 자기 능력보다 120% 해내려는 데서 시작한다. 우리에게는 80%의 능력 발휘를 목표로 세울 수 있는 용기가 필요하다. 120%에 도달하지 못했을 때의 절망감, 80 이상 해냈을 때의 뿌듯함, 그 다음에 이어질 자신감은 어느 선택에서 커질까.

-크리스티네 바이너, 『삐삐의 법칙』 중에서

풍요로운 삶을 누리기 위해서는 여가시간의 확보가 중요한데 이 부분이 현실적으로 쉽지 않다. 경제적으로 풍족하게 해주고 여유 시간도 넉넉하게 배려해주는 직장과 직업이 어디 이 세상에 있을까? 게다가 사람들은 무슨 일을 하든지 '바빠 죽겠다'는 말을 항시 입에 달고 산다. 마음의 여유마저 없는 것이다. 그럼에도 본업에 충실하면서 악기를 다루거나 그림을 그리고 나름의 취미 활동, 스포츠, 봉사활동 등을 병행하는 사람들을 보면 대단하고 부럽기까지 하다. 시간이 없다고 생각하면 죽을 때까지 아무것도 할 수 없다. 삶을 윤택하게 할 취미를 찾고, 이를 위해 시간이 날 때까지 기다리지 말고 스스로 시간을 내야 한다. 일상을 들여다보며 평소의 생활 속에서 불필요한 시간을 재정비함으로써 자신이 원하는 활동에 필요한 여가 시간을 따로 만들어낼 수도 있다. 예를 들면 TV 앞에서 보내는 시간을 줄인다든가, 꼭 필요하지 않은 상품을 검색하느라

쇼핑몰을 뒤지고 다니는 일, 할 일 없이 인터넷을 뒤적이는 시간 등을 정리하는 것이다. 그렇게 해서 확보된 시간을 잘 활용하면 분명 삶의 활력소가 될 것이다. 무엇보다도, 직장이나 직업에서의 일이 중요한 것은 사실이지만 풍요로운 삶을 원한다면 그것만이 세상의 전부가 아니라는 것을 깨달아야 한다.

작은 삶을 선택하는 순간 내면의 간절한 욕구를 추구할 여지가 생긴다. 잡동사니를 줄이면 의미 있는 활동에 할애할 수 있는 시간이 늘어나고, 여행의 자유가 생기며, 가장 절실한 문제를 해결할 수 있는 정신적 여유가 생긴다.

– 조슈아 베커, 『작은 삶을 권하다』 중에서

마음 돌보기

건강의 중요성은 아무리 강조해도 지나침이 없다. 건강을 잃으면 모든 것을 다 잃는 것이다. 안타깝게도 사람들은 건강할 때는 못 느끼다가 건강을 잃고 나서야 비로소 그 소중함을 깨닫는다. 건강이라고 하면 보통 몸의 건강을 먼저 생각하게 되고 마음의 건강은 상대적으로 소홀한 편이다. 그런데 건강을 위해서는 음식과 운동 20%, 마음 관리 80%의 비중을 두는 것이 좋다는 주장도 있다. 평균 수명이 짧았던 고대(古代)에도 동서양의 철학자, 사상가, 성직자들의 수명이 현대인 못지않게 길었던 이유는 마음 관리를 잘했기 때문이 아닌가 싶다. 몸과 마음은 하나로 연결되어 있어 마음은 몸을 병들게 할 수도, 낫게 할 수도 있다. 그래서 예로부터 마음이 편안해야 몸도 편안하다는 말이 있어왔다.

미국 인디언 부족에서 오래전부터 전해지는 두 마리 늑대 이야기가 있다. 체로키 인디언 할아버지는 손자에게 "인간의 마음속에는 악한 늑대와 선한 늑대 두 마리가 늘 싸우고 있다. 한 마리는 분노와 질투, 좌절, 적개심과 슬픔으로 너를 채우려 하고, 다른 한 마리는 너를 사랑, 연민, 친절, 관용, 희망과 기쁨, 감사로 채우려 하지."라고 말한다. 잠시 후 손자가 "두 마리 늑대가 싸우면 누가 이기나요?"라고 묻자, 할아버지는 "네가 먹이를 챙겨주는 늑대가 이기지"라고 답한다. 이야기의 내용과 같이 사람의 마음과 감정은 저절로 관리되지 않고, 신경을 써서 의도적으로 마음을 챙겨야 한다. 긍정적인 생각과 말, 감사하는 습관은 선한 늑대에게 좋은 먹이가 될 것이다.

마음은 곧 그 자체로 세계이니,
  그 안에서 천국을 지옥으로 만들기도 하고,
  지옥을 천국으로 만들기도 한다.

― 존 밀턴, 영국 시인

나의 인생, 그리고 삶의 기술
삶의 기술

나를 가장 많이 괴롭히는 사람은 누구인가? 바로 나 자신이다. 쉴 새 없이 걱정거리를 만들어내어 스스로를 불안하고 지치게 만들기 때문이다. 또한 수시로 떠오르는 불편한 생각과 부정적인 감정은 우리의 마음을 상처투성이로 만든다. 누군가를 미워한다면 미워하는 대상인 상대방이 힘든 것이 아니라 미워하는 내 마음이 힘들다. 그래서 용서한다는 것은 결국 나 자신을 위한 행위인 것이다. 이와 같이 우리가 겪는 고통은 대부분 내부에서 비롯되는 경우가 많다. 그러나 나도 알 수 없는 것이 내 마음이고, 내 것이면서도 뜻대로 되지 않는 것이 마음이다. 그럼에도 마음을 돌봄의 대상으로 생각하는 사람은 많지 않다. 맹자는 "사람들은 닭이나 개를 잃어버리면 곧 찾을 줄 알지만, 잃어버린 마음은 찾을 줄 모른다."고 했다. 마음을 돌보는 데는 하루에 단 10분만이라도 조용한 공간에서 자신을 성찰하는 시간이 필요하다. 파스칼은 "인간의 불행은 조용한 공간에서 고요하게 휴식할 줄 모르는 데서 온다."고 했다. 마음을 돌보는 방법으로는 호흡을 관찰하며 부정적인 느낌은 밖으로 내뱉고 긍정의 에너지는 깊이 내 몸 안으로 들어올 수 있도록 호흡해 보는 것도 좋다. 많은 사람들로부터 긍정적인 효과를 인정받고 있는 명상을 통하여 잠시 생각을 쉬게 하고 집착을 놓아주며 편안한 마음의 상태에 들면서 몰입과 행복의 경지를 경험해보는 것도 아주 괜찮은 방법일 것이다.

나의 인생, 그리고 삶의 기술
My Life, And The Art of Living

즐기는 법을 배워라

각종 대회에서 우승 경쟁을 벌이고 있는 운동선수들의 인터뷰를 들어보면 승부를 떠나 즐기려고 노력한다는 말이 자주 나오는데 이는 긴장을 완화하고 승리에 대한 중압감에서 벗어나기 위한 마인드 컨트롤(Mind control)일 것으로 생각된다. 또한 즐긴다는 말속에는 결과보다 과정에 집중한다는 뜻이 담겨 있다. '연습은 실전처럼, 실전은 연습처럼'이라는 말이 지닌 의미도 연습할 때는 가지고 있는 모든 능력을 쏟아 부어 최선의 노력을 다하되 실전에서는 긴장과 부담감을 덜어내고자 하는데 있다. 운동선수가 긴장이 지나쳐서 몸에 힘이 들어가고 뻣뻣해지면 실력을 제대로 발휘하지 못하게 되어 좋은 결과를 기대할 수 없다. 우리의 인생도 마찬가지다. 모든 일에 한 치의 여유도 없이 완벽을 고집하고, 마음이 욕망과 집착으로 가득하다면 몸과 마음에도 잔뜩 힘이 들어가게 되어 계속되는 긴장과 불안으로 삶을 즐기는 능력을 상실하게 될 것이다.

그리스 철학자 에피쿠로스(B.C 341~270년)는 "우리가 가진 것이 아니라 우리가 즐기는 것이 우리를 풍요롭게 한다."고 했다. 즐기는 것도 하나의 능력이다. 그러나 남들보다 더 높이, 더 멀리, 더 빨리 가야 한다는 강박은 우리에게 삶을 즐기는 능력을 잃게 만들었다. 삶을 즐기려면 먼저, 사는 것도 일하는 것도 재미가 있어야 한다. 사는 것이 재미있고 즐겁다면 그 자체로 이미 행복한 인생이요, 성공한 삶이다. '생활의 달인'이라는 TV 프로그램을 보면 각 분야의 고수들이 출연하는데 자기가 하고 있는 일, 심지어는 재미없고 단조로울 법한 일까지 거의 신기(神技)에 가까운 경지로 끌어올린 사람들이다. 이것은 단지 한 가지 일에 오랫동안 종사해서 습득한 기술과 요령만으로 설명될 수 있는 것이 아니라 노동을 예술의 경지로 승화시킨 것이다. 노동은 고역이지만 예술은 즐겁고 흥이 난다. 생계를 위한 일이 반드시 자기가 좋아하고 재미있는 일일 수는 없으며, 더구나 억지로 하는 일은 괴롭고 힘들기 마련이다. 그럼에도 달인들에게는 일터가 무대이고 놀이터가 되며, 힘들고 고된 노동이 하나의 즐거운 놀이로 변한다. 그들은 처음부터 재미를 찾아 그런 일을 한 것이 아니라, 하다 보니 자신의 일에서 재미를 발견한 것으로 보아야 할 것이다.

행복하지 않게 시간을 보내기에는 인생은 너무 짧다.
아침에 일어나면서부터 스트레스를 견뎌야 하고, 비참한 기분으로 일터로 나간다면
삶에 대한 올바른 태도가 아니다.
- 브랜슨 버진그룹 회장, 『혼 창 통』중에서

요즘에 '열심히 하는 사람이 즐기는 사람을 못 이긴다.' '피할 수 없다면 즐겨라.' 같은 말들이 유행하고 있는데, 노력하는 사람이 즐기는 사람

을 못 이긴다는 말에는 주의해야 할 부분이 있다. 이 말이 전혀 틀린 것은 아니지만, 노력의 의미를 평가절하고 즐기는 것만을 강조하는 뜻으로 받아들여서는 안 된다는 말을 하고 싶다. 너무나 당연한 말이지만, 세상에서 노력 없이 되는 일이 과연 있을까? 여기서 말하는 즐기는 사람이 최고라는 것도 먼저 노력이 있고 나서야 가능한 얘기일 것이다. 원래 공자의 논어에 나오는 '아는 것은 좋아하는 것만 못하고, 좋아하는 것은 즐기는 것만 못하다'(知之者 不如 好之者, 好之者 不如 樂之者)의 참뜻은 배움의 세 단계, 즉 먼저 지식을 쌓는 과정인 아는 단계에서 나아가 학문을 좋아하는 단계로 그리고 가장 높은 수준인 학문을 즐기는 수준으로 성숙해가는 과정을 말하고자 하는 데 있는 것이다. 하나 더 덧붙이자면, 고진감래(苦盡甘來, 고생 끝에 낙(樂)이 온다)와 영어에 'NO pain, no gain'이라는 말을 보더라도 피나는 노력과 고생 없이는 즐거움이 없다는 것을 이해할 수 있다.

어떤 사람이 평생 열심히 일해서 많은 돈을 벌었고, 돈 쓰는 것이 아까워 돈을 싸놓기만 했지 써보지도 못하고 죽었다면 그 사람을 무엇을 위해 산 것인가? 더구나 그가 남긴 많은 재산으로 인해 자식들이 법정 소송을 벌이고 원수처럼 된다면? 생전에 그가 돈으로 할 수 있는 일은 많았다. 그러나 그는 돈의 노예와 같은 삶을 살았다. 돈은 아무리 많아도 쓴 돈만 내 돈이며 쓰지 못한 돈은 내 돈이 아니라는 말이 있다. 그는 돈을 써보지도, 인생을 즐기지도 누리지도 못한 것이다. 인간은 내일의 행복을 위하여 오늘을 즐기지 못하는 것이 문제다. 뭔가 꾸준히 미래에 대비하며 하던 일을 끝마칠 때까지 즐거운 일을 뒤로 미룬다. 하지만 시간은 우리를 기다려 주지 않는다. 카르페 디엠 Carpe diem! 지금 이 순간에 충실하라! 인생을 완벽하게 살려고 하는 사람에게는 사는 재미가 없다. 사소한 것들에 집착하지 않고 그냥 흘러가게 내버려두는 것, 조금 덜 기대하며 사는 것, 그리고 좋아하는 것들에 좀 더 관심을 갖고 사는 것, 자주 웃고 좋아하는 사람들과 자주 만나는 것 등이 삶을 즐기는 기술이라고 생각한다.

> 달팽이 뿔 위에서 무엇을 다투는가.
> 부싯돌 불꽃처럼 짧은 순간 살거늘
> 풍족한 대로 부족한 대로 즐겁게 살자
> 하하 웃지 않으면 그대는 바보
>
> — 백거이, 「술잔을 들며」

독서는 취미가 아닌 삶의 도구

　나에게 있어 가장 유용한 삶의 도구를 하나 든다면 그것은 바로 독서다. 독서를 통해 내가 원할 때는 언제든 훌륭한 스승들을 만날 수 있기 때문이다. 젊은 시절에는 주로 영웅전이나 성공한 CEO의 자서전, 그리고 자기계발서 같은 책들을 읽었고 차츰 역사, 인문학 쪽으로 관심이 옮겨갔다. 또 최근에는 나이 들면서 고전 문학 작품을 많이 읽게 되었는데 그 당시의 문화, 종교, 생활상이나 등장배역들의 생각과 행동을 엿보는 것이 너무 재미있다. 그리고 삶의 무게가 너무 무겁다고 느낄 때는 가벼운 철학책이나 심리학, 종교, 정신분석 관련 독서를 통해 마음을 성찰하고 이해하는 데 많은 도움을 받았다. 특히 은퇴 후에는 원하는 책을 마음껏 읽었으니 실로 행복한 시간이었다. 책에는 저자의 인생관, 철학, 세상을 보는 관점, 방대한 자료 등이 녹아들어가 있어 책 한 권을 보면 많은 것을 얻어낼 수 있다. 중요한 것은 하늘을 봐야 별을 따듯이 일단 책을 펼쳐들고 읽어서 내 것으로 만들어야 한다. 무엇보다도 독서의 좋은 점은 인생을 배우고 인간을 이해하게 되는 것이라고 생각한다. 그것은 곧 나를 알아가는 길이기도 하다.

책은 냉정하고 안전한 벗이다

　　　　　　　　　　　　　　　　　　　　　－『레미제라블』 중에서

길을 잃었다고 생각될 때, 나는 독서를 함으로써 다시 살아갈 수 있는 용기와 힘을 얻는다. 이것은 평생 반복되는 일이다. 마음의 근육을 키우기 위해서도 독서는 필요하다. 크고 작은 시련에 대처하기 위해서는 우선 마음이 단단하고 강해야 한다. 인생에는 연습이 없고, 언제 시련이 찾아올지 알 수 없기에 독서를 통해 평소 마음의 근육을 키워놓는 것이 가장 좋은 방법이라 생각한다. 또한 독서는 간접적으로 타인의 삶을 경험하고 살아가는 방법을 배우는 수단이기도 하다. 우리가 모든 것을 직접 경험하며 살 수는 없다. 독서를 통해서 수백, 수천 년 전에 활동한 선인(先人)들의 생각을 엿볼 수 있고, 때로는 순간적으로 번쩍이고 지나가는 깨달음의 희열을 느껴볼 수도 있다는 것은 너무도 감사한 일이다. 조용한 방에 홀로 앉아 아끼는 책 한 권을 꺼내들어 펼치면 마치 시공간을 떠나 옛 현인과 마주 앉아 가르침을 받고 깊이 있는 대화를 나누는 것 같은 느낌이 든다. 그래서 좋은 책은 훌륭한 스승이자 든든한 친구요, 평생을 함께할 동반자다. 독서를 통해 삶의 농도는 서서히 진국으로 변해간다.

옛 선각자나 철학자 또는 문인들의 응축된 멋진 명언에 내 혼과 마음이 끌리고 녹아서 그들의 삶을 경청하고 스승과 벗을 삼아 산다는 것은 얼마나 우리의 삶을 아름답고 따뜻하게 위무(慰撫)해주는 것인지 모른다.

- 여몽

독서도 다른 것들과 마찬가지로 우선 재미를 느껴야 한다. 그래야 독서가 일상으로 가까이 다가올 수 있다. 난해한 책을 억지로 붙들고 있는 것은 독서의 재미를 떨어뜨린다. 독서를 하루라도 안 하면 뭔가 중요한 것을 빠뜨린 것 같은 느낌이 들 때 비로소 독서는 삶의 일부가 된다. 누군가는 말한다. 먹고살기 바쁜데 한가하게 앉아서 책이나 읽을 시간이 어디 있느냐고. 사실 한창 바쁜 시절에는 읽고 싶은 책을 사들이기는 해도 완독한 경우는 드물고, 어쩌다 마음먹고 책을 펼치면 잠이 쏟아지던 기억이 난다. 그렇지만 지금에 와서 생각해보니 독서를 좀 더 일찍 많이 못한 것이 후회되기도 하는데, 지금 알게 된 것을 좀 더 일찍 알았더라면 하는 아쉬움 때문이다. 사실 독서는 먹고살 만한 여유가 있어서 하는 것이 아니라 사람답게 더 잘 살고 싶어서 하는 것이다. 단 한 번뿐인 인생을 먹고사는 문제에만 매달리다 간다면 너무 아깝지 않은가? 또한 독서는 할 일 다 하고 남는 시간에 하는 것이 아니다. 풍요로운 삶을 원한다면 독서하는 시간을 먼저 확보해야 할 것이다.

나는 재산도 명예도 권력도 다 가졌으나,
생애 중 가장 행복했던 순간은 독서를 통하여 얻었다.
독서처럼 값싸고 영속적인 쾌락은 없다.

― 몽테스키외

나는 좋은 책은 반드시 두 번 이상 읽는다. 한 번 읽어서는 모든 내용을 소화하기 어렵기 때문이다. 서너 번씩 읽어도 그 때마다 느낌이 다르고 새로이 배울 것이 있는 책들이 정말 좋은 책인 것 같다. 또한 같은 내용을 여러 번 읽을수록 우려낼 대로 우려낸 곰탕 국물처럼 깊은 맛을 느낄 수 있어 좋다. 읽는 중간에 또는 읽고 난 후에 가슴에 와 닿는 좋은 내용들과 함께 자신의 생각을 기록해두었다가 나중에 가끔씩 꺼내서 읽어보면 그 나름의 쏠쏠한 재미가 있다. 책을 읽으면서 내용을 가려 뽑아 옮겨 적는 것을 초서(抄書) 또는 초록(抄錄)이라 하는데 다산 정약용, 정조 임금도 이런 방법의 독서를 선호한 것으로 전해진다. 많은 책을 읽어 두루두루 다방면으로 지식을 넓히는 것도 중요하지만, 그보다는 읽은 내용에 대해 깊이 사색하고 성찰하는 과정을 통해 자신의 것으로 만드는 것이 더 중요하다.

여행은 자신을 새롭게 만나는 시간

나는 여행이라는 단어가 주는, 마음을 들뜨고 설레게 하는 그 느낌이 좋다. 여행하면 준비를 떠올리지만 때로는 갑자기 무작정 어디론가 떠나고픈 충동을 느낄 때도 있다. 어쩌면 사람에게는 태어날 때부터 여행의 유전자가 심어져 있는 것 같다. 수십만 년 전 현생 인류가 지구의 대륙 곳곳으로 퍼져나간 것이 그것을 말해준다. 지구에서 사는 것 자체가 여행일 수도 있다. 저 너머 새로운 곳을 향한 호기심, 그곳에서 만나게 될 이방인들의 모습과 음식, 문화, 그리고 색다른 경험들을 향한 기대는 충분히 사람을 언제든지 떠나고 싶게 만드는 힘이 있다. 게다가 여행사들은 '열심히 일한 자여 떠나라'는 솔깃한 말로 우리에게 빨리 결정을 내리라고 충동질을 한다.

여행 전문가들에 의하면 관광은 '보는 것'이고, 여행은 '자신만의 무언가를 찾아내는 것'이라고 하며 차이를 둔다. 관광은 보고, 먹고, 즐긴다는 의미가 강하고 여행은 느끼고, 휴식하고, 배운다는 것에 방점이 찍히는 것으로 이해하면 될 것 같다. 마음만은 배낭하나 짊어 매고 나를 찾아 떠나는 여행을 갈구하지만, 여건이 허락하지 않거나 특별히 노는 방법을 모르는 사람들로서는 열심히 돈을 모으며 벼르다가 때가 되면 여행 상품을 검색해서 패키지 관광을 떠나는 것이 일반적인 여행의 모습이 아닐까 싶다. 어찌됐건 정신적 활력을 유지하는 가장 좋은 방법 중 하나는 새로운 경험으로 뇌를 풍요롭게 하는 것이라고 한다. 그런 면에서 여행은 뇌의 활동을 자극하는 아주 좋은 방법이라고 할 수 있다.

패키지 관광은 가이드의 통제하에 새벽부터 밤까지 이리저리 끌려 다니며 무척이나 피곤한 일정을 소화해야 한다. 그야말로 다리 떨릴 때는 가기 어려운 것이 패키지 관광이다. 가능한 한 짧은 시간 내에 많은 것을 보려고 하다 보니 '인증 샷' 찍기에 바빠 중요한 것을 스치고 지나가게 되는 것은 어쩔 수가 없다. 그런데 패키지 관광의 장점도 있다. 현지에서 장거리를 버스로 이동할 때 가이드의 구수한 입담은 버스 안에서의 지루함을 잊게 해주는 또 다른 재밋거리다. 같은 그룹으로 여행길에서 만난 사람들은 처음에는 서먹서먹하지만 곧 친해져서 간식을 나눠먹고 이런저런 세상 얘기도 나눌 정도가 된다. 그러다가 정이 들 만하면 어느새 여행이 끝나고, 헤어질 때는 다시 만나기 쉽지 않다는 생각에 가슴이 먹먹해지고 아쉬움이 남기도 한다.

노인들의 공통점은 '여행을 더 많이 했더라면' 하고 바란다. 그들이 젊은이들에게 던지는 메시지는 여행을 내일로 미루지 말고 '지금 당장 떠나라'는 것이다. 그리고 그들은 말한다. "우린 여행에서 만난 모든 순간을 사랑했다." "현실적으로 나이가 들면 여행의 고단함을 견디기 힘들어진다. 여행을 하면 나이가 들어서도 세상을 제대로 볼 수 있는 **특별한 힘이 생긴다**." 또한 노인들은 다른 곳에 지출할 돈을 아끼거나 여행을 위하여 먼저 사용해도 좋을 만큼 여행은 가치 있는 일이라고 말한다.

— 칼 필레머, 『내가 알고 있는 걸 당신도 알게 된다면』 중에서

여행은 먹고사는 문제에 떠밀려 언제나 후순위가 되기 쉽다. 그러다보면 어느덧 해는 서산에 기울고 날은 어둑어둑 저물기 시작하는 것이 인생이다. 주변에는 남들에게 '나도 거기 가봤어'라고 말하기 위해 여행을 가는 사람도 있지만, 많은 사람들이 여행을 가려는 주된 이유는 잠시나마 팍팍한 현실에서의 탈피와 해방을 꿈꾸기 때문일 것이다. 또 사람들은 무언가를 기념하기 위해 여행을 떠나기도 하며 효도관광이라는 이름으로 부모님들에 대한 그간의 불효를 만회하려고도 한다. 사람들은 기념할 만한 것을 특별한 곳에서 경험하기 위해 여행을 선택하는 것 같다. 여행을 하다 보면 뜻하지 않게 여행길 위에서 또는 역사의 시간 속에서 '나'를 만나는 낯선 경험을 한다. 그리고는 한 번쯤은 '나는 누구'이며, '어떻게 살아야 하는가?'라는 질문을 스스로 하게 될 것이다. 여행은 인간이 무한한 우주 공간과 유구한 역사의 시간 속에서 얼마나 작고 약한 존재인가를 깨우쳐주기도 한다. 결론적으로 사람들은 여행을 통해 자신을 돌아보고 삶의 의미를 재발견하는 기회를 갖는다.

지금까지 많은 곳을 다녔지만, 기억에 남는 여행으로는 모친과의 여행을 들 수 있다. 어머니는 1990년대 중반 내가 미국에 주재원으로 근무하고 있을 때 방문하셨는데 캘리포니아, 텍사스에서 당신의 손주들과 함께한 여행은 우리 가족 모두의 소중한 추억으로 남아 있다. 그때 손주들과 찍은 사진 속에 당신의 모습은 평생 그렇게 행복했던 적이 없는 듯한 표정이었다. 그리고 어머니가 여든을 훌쩍 넘기셨을 때 함께 모시고 일본 여행을 다녀온 적이 있는데 당신이 학창 시절 수학여행 때 방문했던 곳을 60여 년 만에 다시 오게 되니 무척 감회가 깊으셨던 것 같다. 그런데 걷기에 무척 힘이 드셨던지 아들 부부에게 미안해하시던 모습이 떠올라 돌아가시고 난 지금도 안쓰러운 생각이 든다. 좀 더 건강하실 때 모시고 다니지 못한 것이 한스럽다. 자식은 부모님께 늘 불효자일 수밖에 없는가 보다.

2019년 말에 시작된 코로나는 2022년도 절반을 훌쩍 넘어선 지금에서야 그동안 막아 놓았던 여행길을 조금씩 열어주고는 있지만 예전으로 돌아가기에는 아직 더 시간이 필요할 것 같다. 여행은 '가슴 떨릴 때 가야지 다리 떨릴 때 가면 안 된다'는 말이 있다. 노년의 시간이 더 무르익기 전에 코로나로부터 해방되는 날이 빨리 오기를 기도한다.

> 이 세상은 책이다. 여행을 하지 않은 사람은 한 페이지만을 계속 보는 사람과 같다.
>
> — 성 아우구스티누스

철학과 종교에 대한 이해

우리는 삶의 많은 부분을 알게 모르게 동양 사상, 철학, 종교 등의 영향력 아래 살고 있다. 따라서 이러한 사상과 종교에 대한 어느 정도의 이해는 우리의 삶을 좀 더 깊이 있게 들여다볼 수 있게 해줄 것이다. 철학과 종교 모두 궁극적으로는 삶의 유한성과 죽음으로부터의 구제, 즉 구원을 목표로 삼는다. 프랑스의 사상가 몽테뉴(1533~1592)는 '철학을 한다는 것은 죽는 법을 배우는 것'이라고 하였다. 철학은 초월적 존재에 의존하지 않고 인간 스스로의 이성적 판단에 의해 죽음에 대한 두려움을 극복하는 방법을 제시하고자 한다. 이성의 힘으로 죽음을 피할 수는 없지만 최소한 죽음이 불러일으키는 불안에서는 벗어나게 해주겠다는 것이다. 한편 동양 사상에서는 죽음을 자연스러운 변화로 수용한다. '장자'에는 '안시처순(安時處順)이라는 말이 나오는데 '세상에 태어난 것은 때를 만난 것이고, 세상을 떠나는 것도 순리에 따르는 것이니 편안한 마음으로 때를 받아들이고 자연의 순리에 따른다면 슬픔과 즐거움이 끼어들 여지가 없다'는 뜻이다. 종교가 내세를 중시하는 데 비해 철학은 과거도 미래도 아닌 지금 여기의 삶을 중시한다.

"죽음은 피할 수 없으나 죽음에 대한 두려움은 피할 수 있다.
죽음에 대한 우리의 관념은 바꿀 수 있기 때문이다.
즉, 죽음을 두려워할 대상이 아니라 자연의 필연적 과정으로 기꺼이 받아들이면 된다."

- 에픽테토스

스토아 철학자로는 노예 출신인 에픽테토스, 네로 황제의 스승인 세네카, 그리고 『명상록』으로 우리에게 잘 알려진 마르쿠스 아우렐리우스 황제가 대표적이다. 스토아 철학에 따르면 세상일은 모두 우주적 이성, 즉 로고스에 따라 결정되어 있고, 일련의 모든 사건들은 신의 목적이나 섭리를 구현하는 것이므로 우리에게 일어나는 모든 일들을 기꺼이 받아들이고 만족해야 한다. 사랑하는 사람이 죽었다 해도 그것은 이미 그렇게 되도록 예정되어 있었기 때문에 슬퍼할 필요가 없다. 또한 늙음이나 가난도 그 자체가 두려운 것이 아니라 이를 악이라고 생각하는 우리 자신의 판단이나 태도 때문에 불안한 것이다. 신이 섭리에 의해 나의 삶에 이것들을 결정해 놓았다면 이것들은 악이 아니다. 우리에게 고통을 주는 것은 어떤 외적인 일이 아니라 그 일에 대한 우리의 판단 때문이므로 생각과 판단을 멈춤으로써 고통을 없앨 수 있다는 스토아 철학의 지혜는 지금도 여전히 유효하다.

동양의 『채근담』에도 이와 비슷한 내용의 이야기가 있다. '더위를 없앨 수는 없으나 더위를 괴로워하는 마음을 없애면 몸은 늘 서늘한 누대

위에 있을 것이다. 가난을 몰아낼 수 없으나 가난을 걱정하는 근심을 없애면 마음은 늘 안락한 집안에 있을 것이다.'

기독교는 영혼의 불멸과 구원을 약속하는 막강한 경쟁력으로 거의 1천5백 년 동안 서구 세계를 지배한다. 당시 서구에서는 그때까지 누구도 얘기하지 못했던 인간의 사후 세계의 존재를 설파하고 인간의 영혼은 영원히 불멸할 것임을 주장하는 기독교가 다른 사상을 압도한다. 그리스도교는 영원한 구원이라는 개념을 특별히 부각시켰다. 예수를 믿음으로써 그리스도교인은 이승의 삶이 끝나면 자신의 개인적 정체성을 유지한 채 불멸을 획득할 수 있게 된다. 또한 기독교는 인간이란 본질적으로 하나이며 모두가 평등하게 존엄하다는 사상을 가져왔으며, 어려운 시절에 추종자들에게 희망과 소속감, 공동체를 제공하는 위로의 원천이었다.

불교는 생즉고(生卽苦), 삶이 곧 고통이라는 전제에서 출발한다. 생(生), 노(老), 병(病), 사(死), 싫어하는 사람과 만나 살아야하는 것(怨憎會苦), 좋아하는 사람과 헤어지는 것(愛別離苦), 바라는 것을 얻지 못하는 것(求不得苦), 인간의 몸과 마음을 형성하는 오온에 집착하여 온갖 고통에서 벗어나지 못하는 것(五蘊盛苦), 모두 8가지의 괴로움이 삶을 지배한다는 것이다. 또한 기쁨과 즐거움도 영속하지 않고 결국은 사라지기 때문에 그것을 유지하려고 집착하게 되어 마음은 늘 불만스럽고 평안하지 못하다. 석가모니는 인생을 고해(苦海) 즉 고통의 바다라고 하였고, 고통의 원인을 없애 불쌍한 인간을 구제하고자 했다. 불교의 본질은 고통일 수밖에 없는 윤회를 벗어나기 위해 해탈을 추구하는 것이다. 한편 불교는 유일하게 종교 전쟁과 무관한 종교이기도 하다.

종교에 관해 정말 이해가 되지 않는 부분은, 비폭력, 평화를 추구하는 종교의 본질을 벗어나 역사상 인류는 지금까지 종교 간의 갈등으로 인해 많은 피를 흘려 왔고 지금도 흘리고 있다는 것이다. 정치 세력들이 자신들의 목적 달성을 위해서 종교의 이름을 걸고 전쟁을 일으켜 수많은 선량한 사람들이 볼모로 온갖 고통을 당하고 있다. 그런데 잠시 생각해 보면 알 수 있는 것이 여러 종교 중 만약 하나가 진짜라면 나머지는 모두 가짜가 된다는 것이다. 또 어느 한 종교가 절대 불변의 진리라면 왜 서로 다른 교리를 주장하는 종교들이 생겨났겠는가? 종교에 관한 극단주의나 맹신주의는 정말 위험하다.

중요한 것은 종교는 사람을 위해 있는 것이지, 사람이 종교를 위해 있는 것이 아니라는 점이다. 종교에 대한 지나친 숭배나 몰입은 자신의 삶 자체를 포기하도록 만든다. 인간은 자신의 문제를 스스로 성찰하고 해결하려고 노력해야 한다. 그리고 자신의 것만이 옳다는 편협한 주장에서 벗어나 서로 다름을 인정하고 받아들여야 한다. 어떤 사람에게는 스스로 깨우침을 강조하는 불교의 교리가 마음에 와 닿고, 다른 사람에게는 신을 섬기는 개신교나 천주교가 더 친근하고 매력적일 수 있는 것이다. 내 것이 소중한 만큼 남의 것도 존중해야 한다. 요즘 들어 보이고 있는 서로 다른 종교인들 간의 교류와 화합의 모습은 정말 보기가 좋다. 이처럼 종교인들이 진정 해야 할 일은 자기 것만이 우월하다고 고집할 것이 아니라 성인들의 가르침에 따라 인류에 대한 사랑, 정의 실현, 약자에 대한 배려 등 현실적인 문제를 개선하는 데 가지고 있는 모든 역량을 펼쳐야 할 것이다.

이 우주의 무한한 진리가 굳이 어떤 종교의 경전이나
가르침 속에만 있는 것은 결코 아니다.
경전이나 종교적인 교리는 이미 틀 속에 갇혀
팔팔한 생기를 잃어버린 지 오래다.
순간순간 우리가 살아가는 삶의 현장에서
내 눈으로 보고 내 귀로 듣고 내 마음으로 느껴야 한다.

― 법정 스님, 「스스로 행복하라」 중에서

4) 노년의 기술

노인이 된다는 것

전철 안에서 무심코 서 있는데 갑자기 앞에 앉아 있던 젊은 승객이 일어나며 자리를 양보할 때 적잖이 당황스러워 나도 모르게 좌우를 둘러보게 된다. 또한 길을 걷고 있다가 누가 뒤에서 '어르신'이나 '할아버지'라고 부르면 뭔가를 감추려다 들킨 사람처럼 화들짝 놀라게 된다. 아니 뒤통수만 보고도 내가 할아버지라는 걸 알 수 있단 말인가? 코로나 때문에 마스크로 얼굴을 가렸는데도 누군가가 또 '어르신' 하고 부르면 힘이 쭉 빠지면서 절망하게 된다. 내가 늙었다는 사실을 정작 본인은 못 느끼는데 남들은 전부 다 알고 있구나! 바로 이것이 노인이 된다는 것인가 보다. 노인이 되었음을 받아들이는 것은 쉽지 않은 일이다. 아내도 아파트 엘리베이터나 동네에서 만나는 사람들로부터 '할머니'라는 소리를 듣는 것을 한동안 못 견뎌 했다. 늙어 보니 이제야 알겠다. 나 자신이 노인이 되었다는 것을 깨닫기 전에 먼저 주변으로부터 노인으로 취급당한다는 것을. 이제 늙는다는 것이 더 이상 나와 상관없는 '남의 일'이 아니라 바로 '나의 일'이 된 현실을 마주하지 않을 수 없다. 더는 피할 수 없는 삶의 마지막 국면이 눈앞에 다가온 것이다. 그런 의미에서 노년은 또 하나의 도전이다.

어리석은 자에게 노년은 겨울이다. 현자에게 노년은 황금기이다.

― 탈무드

사람은 누구나 노력하지 않고 가만히 있어도 언젠가는 노인이 된다. 노인이 되면 지나간 삶과 다가올 죽음을 생각하다 보니 누구나 철학자가 된다. 또한 노인이 된다는 것은 누구에게나 경험해보지 못한 처음 가보는 낯선 길이다. 다산 정약용은 노인일쾌사(老人一快事)라는 시에서 늙으면 유쾌한 일 여섯 가지를 들고 있다. 머리칼이 빠지고, 이가 빠지고, 눈과 귀가 어두워지는 것을 머리 손질하는 불편이 없어지고, 치통에서 해방되며, 책 읽는 고통에서 벗어날 수 있고, 듣기 싫은 소리를 안 듣게 되니 유쾌한 일이라며 역설적이고 해학적으로 표현했다. 그렇지만 노인 하면 떠오르는 이미지는 과거에도 그러했듯이 오늘날에도 여전히 경제 활동으로부터 멀어지고, 나날이 허약해져가는 몸과 병마에 시달리며 세상에서 소외된 채로 죽을 때까지 하루하루를 견디며 살아가는 인생의 암흑기요, 사회에서는 무익하고 성가신 존재처럼 여겨지는 부정적인 면이 강하다. 그런데 현대에 이르러 수명 연장과 더불어 노년의 시간이 점점 늘어나고 있어 더욱 문제다. 기나긴 노년의 시간을 어둡고 우울하게

만 보낼 수는 없기 때문이다. 그러기 위해서는 이제 노화에 대한 부정적 인식에서 벗어나야 한다. 육체의 노화를 멈출 수는 없지만 생각은 늙지 않을 수 있다. 노년의 삶을 당당하게 영위하면서 영적 성장과 변화를 멈추지 않는 한 사람은 늙지 않는다. 실제로 그러한 삶을 사는 노인들을 주변에서 자주 볼 수 있다.

우리나라의 노인 인구만 해도 2020년 기준 전체 인구의 16%이고 점점 증가폭이 가파르게 올라가고 있다. 그러함에도 노인들이 늘어난 노년의 시간을 어떻게 보내야 할지는 각자도생에 맡겨져 있을 뿐이다. 우리에게 100세 철학자로 알려진 김형석 교수는 인생의 황금기를 인간적으로 어느 정도 성숙한 이후인 60세부터 75세까지라고 말한다. 75세까지는 계속 성장이 가능하며, 그 이후는 유지하는 것이라고 하였다. 20세기 첼로의 거장 파블로 카잘스는 91세가 되어서도 날마다 꾸준히 첼로 연습을 하자 한 제자가 물었다. "선생님은 왜 아흔 살이 넘은 나이에도 계속 연습을 하십니까?"라고 질문하자 "요즘도 조금씩 실력이 향상되기 때문이라네."라고 답했는데 그는 80세에 심장병에서 회복된 후 20세의 제자와 결혼하고 16년을 더 살았다. 노년이 황금기가 될 것인지 암흑기가 될지는 노년의 삶을 어떻게 받아들이느냐에 따라 달라질 수 있다. 결론적으로 노년에도 삶의 의미와 목적의식을 갖는 것이 매우 중요한데, 이를 위해서는 일과 배움, 그리고 봉사활동 등이 적절한 수단이 될 수 있을 것으로 생각한다.

나의 인생, 그리고 삶의 기술
My Life, And The Art of Living

노인으로 살아가는 길

주변에서 노인이 되어가고 있는 친구나 선후배들의 살아가는 이야기를 들으면 참으로 짠하다. 사고가 아닌 병으로 세상을 떠나는 동기들이 차츰 늘어나고 몸의 거동이 불편한 사람들이 하나 둘 생기고 있다. 현직에 있을 당시 왕성하게 활동하며 카리스마 넘치고 잘나가던 양반이 세월을 이기지 못하고 요양원에 들어가 있다는 소식에 인생이 참으로 허망함을 느끼게 된다. 모임에 참석해보면 서로 현재 먹는 약, 다니는 병원, 치료 경험담 등에 관한 얘기로 시간 가는 줄 모른다. 참석자들은 상대방 경험담을 자신의 얘기가 될 수도 있다는 듯이 아주 진지한 태도로 듣는다. 그리고 대부분 확연하게 소화력이 떨어져 음식을 예전처럼 많이 먹지 못한다. 그럼에도 모임에는 꼭 참석해야 그나마 많이 웃게 되고 활력을 찾는다. 나이가 들수록 불러주는 곳이 있으면 묻지도 따지지도 말고 무조건 참석하라는 말이 있다. 노년의 일상은 단조롭고 조용하다. 이제는 딱히 특별할 것이 없어진 자신에게 익숙해져야 한다. 그러다보니 중요한 것은 일상에서 감사와 행복을 느끼는 일이다. 매일 모임에 참석하면서 즐겁게 살 수는 없으니까 말이다.

노년이 그동안 살아온 경륜과 지혜로 빛나는 황금의 시기가 될 수 있을까? 아니면 온통 지나간 과거 얘기와 자기 자랑만 늘어놓거나 더 이상 자신을 대접해주지 않는 세상을 향해 불평을 일삼는 고집불통의 고약한 뒷방 늙은이가 되는 것은 아닐까? 노년을 잘 보내기 위해서는 특히 비움, 내려놓음, 받아들임 이 세 가지를 신경 써서 노력해야 한다고 본다. 마음을 비우고, 욕심을 내려놓고, 노인이 된다는 것을 받아들인다면 노년의 세상살이가 한결 여유롭고 편안할 것 같다. 그러기 위해서는 미워하고 분노하며 서운해 하는 마음을 비워내고, 더 많이 채우려고 하며 살아온 과거의 방식과는 결별해야 한다. 언제나 온갖 걱정으로 가득 차 있고 자기 생각만 하느라 바쁜 자신도 이제 내려놓자. 그래야 비워진 자리에 노년다운 지혜, 너그러움, 여유 등이 들어설 수 있다. 한편 '노년의 일'에 관한 생각은 사람마다 다양하다. 노년에 그만 일에서 벗어나 시간적 여유를 누리며 관심 분야를 찾고 다양한 활동을 즐기게 된 것을 반기는 사람들도 있는 반면에 사회에서 쓸모없는 존재가 된다는 생각에 겁을 먹고 뭔가를 계속하면서 바쁘게 살려고 하는 사람들도 있다.

노년에는 어디서 삶의 의미를 찾아야 할까? 젊은 시절에는 일이 있었고 목표가 있었기에 살아가야 할 이유는 충분했었다. 활발한 사회적 활동과 함께 지위, 명예, 영향력 등 외적 가치를 자신과 동일시하며 그것을 잃지 않기 위하여 기를 쓰며 살았다. 이와 달리 노년은 전에는 외부로만 향하던 삶의 의미를 내면으로 돌리는 시기라고 할 수 있다. 밖에서 더 이상 찾아주지 않는 자신을 받아들이고, 인생에서 맡았던 자신의 역할도 그만 놓아주고 새로운 삶의 의미, 역할에 대해 곰곰이 성찰하고 숙고해야 할 때다. 나이가 들어서도 의미 있는 일과 목적의식은 만족스러운 삶을 위해 매우 중요한 부분이다. 경제적 이유로 무슨 일이든지 해야 하는 경우도 있겠지만 노년이란 비로소 돈벌이와 상관없이 자신이 하고 싶은 일을 하는데서 삶의 의미를 찾을 수 있는 때가 되었음을 의미한다. 이제 비로소 꿈꾸어 왔던 것을 실현해볼 시기가 도래한 것이다. 그런 의미에서 노년은 새로운 삶의 시작이다.

> 사람은 자기가 살 날이 날마다 점점 줄어든다는 것만을 생각해서는 안 되고, 더 오래 살게 되면, 자신의 정신이 변함없이 맑아서 사물을 제대로 파악하고 신과 인간의 일들을 잘 살피고 성찰해서 바르게 이해할 수 있을 것이라는 보장이 없다는 것도 생각해 보아야 한다.
>
> — 마르쿠스 아우렐리우스, 『명상록』 중에서

옛말에 '나이 먹을수록 입은 닫고 지갑은 열라'는 말이 있다. 인생의 말년인 노년은 가진 것을 베풀면서 인생을 정리하는 단계다. 한편 노년에는 아무래도 집에서 보내는 시간이 많아지는데 주로 TV 앞에서 시간을 보내는 것은 가능하면 지양하는 것이 좋다. 예전에 김대중 전 대통령은 가택 연금 시절 날마다 아침 9시면 정장 차림으로 안방에서 거실로 출근했다는 일화가 있다. 보는 사람이 없다고 후줄근한 내복 바람으로 너무 편하게 지내다 보면 심신이 모두 무너질 수 있다. 늙었다고 해서 모든 것을 포기하고 무기력하게 아무런 희망도 목적도 없이 그저 주어진 하루하루를 살아야 하는 것은 절대 아니다. 우리는 싫든 좋든 노년의 시간을 살아내야 한다. 지금까지 최선을 다해 살아왔듯이 노년을 잘 보내기 위해서도 상당한 노력이 필요하다. 잘 늙기 위해서는 몸과 마음을 건강하게 관리하는 것은 물론이고 죽을 때까지 끊임없이 배워야 하며 새로운 것에도 관심을 가져 젊은 층과 소통하며 잘 지내도록 하는 것이 좋다. 그리고 혼자서도 잘 노는 법을 배워야 한다. 죽는 순간까지는 인생은 현재 진행형이며, 살아 있는 한 앞으로 어떻게 존재할 것인지, 어떤 일을 할 것인지에 대해 늘 고민하고 선택을 할 수밖에 없다.

한 인간으로서 가정적인 의무나 사회적인 역할을 할 만큼 했으면 이제는 자기 자신을 위해 남은 세월을 활용할 줄 알아야 한다.

- 법정 스님

나의 인생, 그리고 삶의 기술
My Life, And The Art of Living

노년의 건강

노인에게 오래 사는 것보다 더 중요한 것은 건강하게 늙는 것이 아닐까? 그래서인지 나이를 먹을수록 섭생과 운동에 관심이 많이 가는 것은 사실이다. 살아가는 데 있어 잘 먹고 잘 배출하고 잘 자는 것이 얼마나 중요한 일인지 이제는 확실히 알겠다. 젊을 때는 이러한 생리적 활동에 아무런 문제가 없었고 따라서 당연한 것으로 여겨졌던 것들이 나이 들면서 자주 트러블이 생기고 여의치 않아지면서 매사에 자신감이 떨어지게 하는 원인이 되기도 한다. 노년의 건강을 위해서는 유익한 정보도 중요한데 이것저것 많이 아는 것이 아니라 꼭 필요한 몇 가지만이라도 실제로 생활화하는 것이라고 생각한다.

65세 노인 기준으로 활동량에 따라 건강 수명이 5년 이상 차이가 나는 것으로 예상되는 연구 결과도 있는 것으로 볼 때 노화의 속도를 늦추면서 건강하게 늙기 위해서는 몸과 뇌를 꾸준히 사용하는 것이 최선이다. 건강하게 노년을 보내기 위해서는 지속적인 노력 없이 이루어지는 것은 하나도 없으며 또한 지름길도 없다.

노자는 도덕경에서 자신의 생(生)을 너무 귀하게 여기면 오히려 생이 위태롭게 될 수 있고(貴生, 귀생), 적당히 불편하게 억누르면 생이 오히려 더 아름다워질 수 있다(攝生, 섭생)고 하였다. 의식주에서 온갖 좋은 것들만 취하고 편안함을 추구하려는 '귀생'은 오히려 인간의 몸과 마음을 망가지게 하는 독이 되므로 몸과 마음을 적당히 억제하고 절제하는 '섭생'이 중요하다는 것이다. 마음은 걱정과 근심을 덜어 편안하게, 몸은 수고롭게 하는 것이 건강의 핵심이라고 할 수 있겠다. 한 연구결과에 따르면 건강하게 장수하는 데 있어 유전적인 원인은 30%만 영향을 미치고 나머지 70%는 평소 생활 습관에 기인한다고 한다. 장수 노인들의 공통적인 특징은 적게 먹고 많이 움직인다는 것이다. 또한 눈여겨 볼 만한 것은 혼자 식사하지 않고 친구나 가족들과 꼭 함께하며, 산책, 정원 가꾸기 등 야외 활동을 즐긴다는 것이다.

건강한 노년을 보내기 위해서는 무엇을 먹는가 하는 것도 매우 중요하다. 그런데 노년에는 소화력이 떨어져서 식사량을 줄이거나 식사를 건너뛰는 경우도 자주 생길 수 있어 영양 결핍이 우려되는 것이 문제다. 그래서 노년에는 무엇보다도 균형 잡힌 식사가 중요해진다. 소화력에 문제가 없는 사람들의 경우 이것저것 몸에 좋다는 것을 챙겨먹는 경향이 있는데 이는 섭생의 정신에 비추어 볼 때 아무리 좋은 것이라도 절제해야 하며, 건강에 좋은 것을 먹는 것보다 건강에 좋지 않은 것을 피하는 것이 중요하다. 또한 건강에 해로운 식습관이나 행동 역시 주의하는 것이 좋다. 특히 나이든 사람들 중에는 중독성이 있는 술과 가까이 하는 경우를 많이 보게 되는데 심심하고 지루한 일상을 달래거나 노인으로서 겪는 불편한 현실을 일시적으로 잊어버리기 위해서라면 결코 좋은 습관이 아니라고 본다.

다음으로는, 중요한 것이 운동인데 운동이라는 것이 원래 독하게 마음 먹지 않으면 작심삼일이 되기 일쑤인데다가 젊어서는 운동을 하고 싶어도 시간이나 여유가 없고 나이 들어서는 시간은 있지만 의욕이 떨어지고 매사 귀찮은 생각이 들어 운동에 소홀해지기 쉽다. 그런데 규칙적이고 적당한 운동으로 몸을 꾸준히 자극하는 것은 활력과 독립성을 유지하는데 있어 매우 중요하며, 그렇게 하지 않으면 몸은 그 기능을 상실한다. 우리의 몸은 움직이도록 만들어졌기 때문에 적절하게 자극을 해주지 않으면 에너지가 다른 곳에 쓰여 몸이 노쇠해지고 활성 산소로 인한 손상이 많아지며 만성 질환에 더 쉽게 걸린다고 한다. 매일 30분 정도의 산책만으로도 좋은 운동 효과가 있는 것으로 알려져 있다. 운동을 시작하기에 너무 늦은 나이란 없다. 40년 넘는 세월 동안 의사를 한 번도 본 적이 없는 90세 시골농부에게 건강하게 장수하는 비결을 물었더니 "특별한 것은 없고 그저 매일 일하느라 기분 좋게 땀을 한 바가지 흘리는 게 아닐까 싶다"고 말했다. -늙어감의 기술, 마크 E 윌리엄스

신체적인 운동과 함께 뇌에도 적당한 자극이 필요하다. 뇌는 새로운 경험에서 자극을 받고, 반복되는 것을 하면 굳이 새로운 신경회로를 만

들지 않는다고 한다. 한데 습관은 우리를 익숙한 방식에 의존하게 함으로써 예측하지 못한 상황에 대처하는 능력을 어렵게 만든다. 따라서 가끔씩 습관에서 벗어나기 위해 자신의 일상이나 환경에 변화를 주는 것이 좋다. 즉 평소 안 하던 것을 하고, 안 가던 곳을 가보는 것이다. 내비게이션 없이 운전하거나 늘 다니던 길을 새로운 길로 바꿔보기도 하고 한 번도 안 가본 동네를 걸으면서 주변을 살펴보는 것도 좋다. 여행은 뇌의 활동을 자극하는 아주 좋은 방법이라고 하며, 새로운 지식이나 기술을 익히는 것도 매우 유용한 방법이다. 외국어나 악기 연주를 배우는 것, 짧은 시나 명구를 암송하기, 잘 쓰지 않는 손 사용하기, 웃으며 놀기 등이 좋은 방법으로 알려져 있다. 마지막으로 건강은 우리가 소유할 수 있는 것이 아니라 우리에게 주어진 선물이라는 것을 명심해야 한다. 언제 상황이 달라질지 아무도 알 수 없다. 우리는 그저 건강할 때 할 수 있는 한 건강을 지키려고 노력할 뿐이다.

> 학습은 번영할 때는 장신구에 불과하지만, 역경 속에서는 피난처가 되어주고 노년에는 대비책이 되어준다.
>
> — 아리스토텔레스, 『니코마코스 윤리학』 중에서

나의 인생, 그리고 삶의 기술
My Life, And The Art of Living

삶의 마무리와 죽음

아름다운 마무리는 삶에 대해 감사하게 여기는 것이다.
내가 걸어온 길 말고는 나에게 다른 길이 없었음을 깨닫고
그 길이 나를 성장시켜 주었음을 믿는 것이다.

-법정 스님, 『아름다운 마무리』 중에서

얼마 전 뉴스를 통하여 학창시절 나의 우상이기도 했고 세계 최고의 미남으로 불렸던 프랑스 배우 알랭 드롱(86세)이 현재 살고 있는 스위스에서 안락사를 결정했다는 소식을 접했다. 스위스에서는 안락사가 법적으로 허용되는 것으로 알려져 있다. 사진에 나온 그의 최근 모습을 보니 그 역시도 세월을 비켜가지는 못했는가 보다. 그는 "특정 나이, 특정 시점부터 우리는 병원이나 생명 유지 장치를 거치지 않고 조용히 떠날 권리가 있다"고 말했다. 그런데 스위스에서의 안락사를 대기하고 있는 한국인도 100여 명이 된다고 한다. 사는 것 못지않게 죽는 것도 어렵다. 나이를 먹어갈수록 몸의 기능이 예전 같지 않고 기력이 떨어지면서 사람이 나이 들면 왜 죽는지 알 것 같다. 병상의 노인들은 말한다. "사는 게 더 이상 즐겁지 않다" "삶은 내게 충분하다"고.

평생 중요한 일에 앞서 사전에 철저한 준비를 하는 습성이 몸에 배어

있지만 죽음에 대비하여 미리 준비한다는 것은 전혀 내키지 않는 일이다. 생각하는 것만으로도 기분이 묘해진다. 기업에서 일하던 시절, 연로한 오너 회장의 사후를 대비하기 위한 여러 가지 중요 사안들에 대하여 아무도 보고를 못하고 속만 끙끙 앓던 일들이 이제 이해가 된다. '누가 고양이 목에 방울을 달 것인가'와 같은 문제로 오너가 스스로 얘기하기 전에 누가 감히 그의 죽음을 입에 올릴 수가 있겠는가?

결자해지(結者解之)의 입장에서 본인 스스로 깔끔하게 정리하고 자식들에게는 부담을 주지 않는 것이 죽기 전에 해야 할 일인 것 같다. 재산은 별로 없지만 유언장도 하나 써놓아야 할 것 같고 연명 치료 거부 동의서도 작성하고 신변 정리를 어느 정도 해놓을 필요가 있을 것 같다. 주변에서 외관상이나 건강상 별 문제가 없어 보이던 지인이 갑작스럽게 세상을 떠났다는 소식을 들으면 더욱 그러한 마음이 든다.

> 모든 인간은 제대로 죽기 위해서 산다.
> 비록 우리의 탄생은 우연에 의해 씨 뿌려져 태어난 존재일지언정, 우리의 죽음은 그 존재를 돌보고자 한 일생 동안의 지난한 노력이 만들어온 이야기의 결말이다.
>
> — 김영민, 『아침에는 죽음을 생각하는 것이 좋다』 중에서

인생은 태어나면서부터 삶의 끝을 향해 가는 여정이다. 죽음 앞에서

유한한 삶의 시간은 더욱 소중해질 수밖에 없으며, '어떻게 살 것인가'는 삶 전체를 관통하는 철학적 주제이다. 그럼에도 우리는 죽음에 대한 성찰을 멀리한 채 '영원히 살 것처럼' 살며 대화에서 죽음을 입에 올리는 것을 금기시한다. 그리고 사실상 죽음은 우리 가까이에 있는 것임에도 불구하고 오늘날 현대인의 죽음은 대부분 살던 집을 떠나 병원에서 이루어지기 때문에 죽음이 마치 우리의 삶으로부터 먼 곳에 격리되어 있는 것처럼 보인다. 그렇다고 할지라도 인간은 결국 죽음을 피해갈 수 없다. 그래서 우리는 다음의 질문을 이어가지 않을 수 없다. 죽음이란 무엇인가? 우리는 어떤 죽음을 원하는가?

종교를 떠나 죽음을 대하는 자세는 사람마다 다르다. 61세의 나이로 수년 전 타계한 미국의 한 여성 작가는 죽기 전 스스로 쓴 부고에서 "내가 바꿀 수 없는 일로 슬퍼하는 대신 나의 충만했던 삶에 기뻐하기로 결정했다. 이 아름다운 날, 여기 있어 행복했다."는 말로 끝을 맺었다. 작고한 어느 수녀는 "언젠가는 우리가 갈 곳을 생각한다면 죽음을 멀리하고 두려워해야 할까? 이런 생각이 듭니다. 자연스러운 것인데... 그것은." 천상병 시인은 '귀천'에서 '나 하늘로 돌아가리라, 아름다운 이 세상 소풍 끝내는 날, 가서 아름다웠다고 말하리라.'고 죽음을 아름답게 표현하였다. 그 밖에 실존주의 철학자인 사르트르는 "나는 죽음에 대해서 생각하지 않는다. 어느 날 내 인생이 끝나겠지만 나는 어떤 경우에도 내 인생이 죽음으로 시달리고 싶지 않다. 죽음

나의 인생, 그리고 삶의 기술
삶의 기술

은 내 인생의 밖에 있다."고 하였다.

한편, 영혼의 불멸을 믿으며 죽음에 대처하는 사람들도 있다. 키케로의 '노년에 관하여'에서 대화의 주인공으로 등장하는 대(大) 카토(Marcus Cato, B.C 234~149)는 이렇게 말하고 있다. "내가 이 혼잡하고 혼탁한 세상을 떠나 신과 같은 영혼들의 모임과 공동체로 출발하는 그날은 얼마나 영광스러운 날이 될 것인가! 노년이 내게는 가벼우며, 짐이 되지 않을 뿐 아니라 즐겁기까지 하다네. 영혼은 불멸이라는 내 믿음이 실수라면 나는 기꺼이 실수를 하고 싶고, 내가 살아 있는 동안에는 나를 즐겁게 해주는 이 실수를 빼앗기고 싶지 않네."

어떻게 보면 논리와 증명의 문제를 벗어나 일단 믿으면 문제가 해결되는 이 방법이 괜찮아 보이기도 한다. 믿어서 손해 볼 건 없으니까 말이다. 그러나 어디까지나 이것은 개인의 믿음이자 자유로운 선택의 문제다.

죽음은 인간의 힘으로 어찌할 수 있는 문제가 아니다. 우리가 할 수 있는 일은 오로지 삶에 집중하는 것뿐이다. 그러므로 항상 오늘의 삶에 집중하며 '이만하면 삶이 충분하다'는 느낌이 들 정도로 삶을 충분히 소진하는 것이야말로 지혜롭게 삶과 죽음에 대처하는 방식이 아닐까 생각한다. 죽음이 두려움과 공포의 대상이 되면 삶은 더 이상 즐겁지 않고 또 이러한 부정적인 생각은 쉽게 습관으로 자리를 잡는다. 죽음은 두려움의 대상이 아니라 매순간 충실한 삶을 살기 위하여 성찰하고 기억해야 할 대상임을 잊지 말아야 하겠다.

　죽음을 받아들이고 인생의 덧없음을 이해하게 되면 부질없는 번뇌의 고통으로부터도 벗어날 수 있을 것이다. 그리고 죽은 자를 보내면서 너무 슬퍼할 이유도 없다. 조금 먼저 보낼 뿐이고 곧 다시 만날 테니까.

올리브 열매가 다 익으면 자기를 낳아준 대지를 찬양하고 자기를 길러준 나무에 감사하며 떨어지는 것처럼,
너도 이 짧은 인생을 본성에 따라 살아가다가 인생 여정을 끝낸 후에는 기쁜 마음으로 떠나는 것이 마땅하다.

- 마르쿠스 아우렐리우스, 『명상록』 중에서

나오면서

이 글을 마치고 나니 장마가 겹친 무더위가 한창이다. 기온이 연일 30도를 넘나들고 반도 특유의 습하고 찌는 듯한 날씨가 계속되고 있지만 그래도 이른 아침에는 견딜 만하다. 집 앞 광장에 앉아 바라보는 아파트로 둘러싸인 세상은 너무도 익숙한 풍경이지만, 과거로 시간을 되돌려 어린 시절 기억 속의 세상을 떠올려 보니 너무나도 다른 모습의 세상이다. 나의 친가는 중구 오장동에서, 외가는 세종로에서 오랜 세월 터를 잡고 살아왔으며, 어릴 때 아버지를 따라 성묘를 다니던 선산이 나중에 전화국이 들어선 대방동 어디쯤이었다. 10년이면 변한다는 강산이 여섯 번이나 바뀌었으니 예전의 흔적은 찾을 길이 없다. 어릴 때는 아버님이 분가하기 전까지 한옥에서 할아버지, 할머니, 부모님, 삼촌, 고모 등 대가족이 함께 북적이며 살았는데 내 기억으로는 할아버지는 절대 권력이셨다. 이제 윗분들은 거의 다들 돌아가시고 형제, 자식도 모두 외국에서 흩어져 살고 있으니 말년에 외로움만 쌓여간다. 여름방학이면 시골 할머니 집으로 내려간다고 좋아하는 친구들을 부러워하며, 내게는 논과 밭, 초가집, 얼룩빼기 황소, 동구 밖 기차정거장 등이 펼쳐지는 사무치게 그리운 시골이 없음에 애끊은 부모를 원망하던 소년은 그 후 60여 년의 세월을 지나 어느덧 칠순의 나이가 되어 인생을 돌아보며 후손들에게 전해 줄 말들을 찾고 있다.

평생 처음으로 책을 한 권 써보는 일은 쉽지 않았고 시간이 매우 오래 걸리는 일이었다. 덤으로 소화불량까지 얻었다. 글을 쓰다 보니 자신과 마주하는 시간이 많아졌고, 지나온 삶에 대한 이해가 깊어지는 소득도 있었다. '할아버지가 들려주는 인생 얘기'라는 콘셉트(concept)에 맞게 딱딱하지 않으면서 친근하고 이해하기 쉬운 말투와 어휘를 쓰려고 시도는 했으나 능력 부족으로 기대에는 미치지 못한 것 같아 다소 걱정이 된다. 삶의 기술에 관한 부분은 평생 나의 스승 역할을 했던 책과 좋은 글을 바탕으로 삼아 나의 경험을 버무려 전하려고 애썼다. 책을 쓰는 동안 지나온 삶을 돌아보니 곳곳에 아쉬움이 스며든다. 이제 인생을 조금 알 것 같으니 다시 한 번 살아본다면 잘 살 수 있을까? 스스로 해 본 바보 같은 질문에 소이부답(笑而不答, 미소만 짓고 답하지 않는다)이다. 살아 보니 공부하던 때가 제일 마음 편했고, 공부하는 것만큼 쉬운 일은 없었다. 시키는 대로, 책에 있는 대로 공부하면서 정답을 찾으면 되었다. 나는 공부를 아주 잘하는 사람은 아니었으나 나에게 반드시 필요한 공부라고 판

나의 인생, 그리고 삶의 기술
My Life, And The Art of Living

단하면 열심히 했다. 허나 공부를 떠난 이후의 인생길은 정답을 찾기 어려운 선택의 연속이었고, 선택은 늘 어려웠으며 선택의 대가는 때로는 감당하기에 벅찰 때도 있었다.

나는 오래전부터 유대인 탈무드에서 영감을 받아 우리 가문에서 계속 이어져 내려갈 수 있는 정신적 유산을 후손들에게 글로써 전해주고 싶다는 마음이 간절했다. 이제 부족하나마 그 목적을 이루었고 글을 마치게 되었으니 앞으로 또 무엇을 해야 할까? 나에게 앞으로 건강하게 지낼 수 있는 시간이 얼마나 될지 모르지만, 그때까지는 의미 있는 일을 찾아 나설 생각이다. 그중 하나로 생각하고 있는 것은, 미래의 일을 알 수 없지만 후손들이 당장은 미국에 거주하고 있으니, 그들이 읽을 수 있도록 힘이 닿는 한 이 책의 영문화 작업을 진행하려고 한다. 그러한 생각을 하는 것만으로도 벌써 기쁘고 즐겁다. 이제 이 글을 마무리할 때가 된 것 같다. 나는 후손들이 아무 걱정 없이 편안하게 살기만을 바라지 않는다. 다만 후손들에게 바라건대, 오늘은 어제보다 나은 하루가 되도록 하고, 아침이면 행복해지는 길이 무언가를 생각하며, 세상은 자기가 생각한 대로 살아진다는 것을 깨닫고 항상 긍정적인 생각과 말을 하도록 노력할 것이다. 또한, 우주에 태어난 것 자체를 축복으로 생각하고 작은 일에도 감사하면서 좋은 일이든 나쁜 일이든 모두 잘 견뎌내겠다는 자세로 살기를 바란다. 마지막으로 독서하는 즐거움과 유머감각을 잊지 말기를 당부한다.

나의 인생, 그리고 삶의 기술
나오면서